AF389891

A

SON ALTESSE SÉRÉNISSIME

M A D A M E

LA DUCHESSE DU MAINE.

Souveraine de Dombes.

MADAME,

Les graces & les bontés dont VOTRE ALTESSE SE'RE'NISSIME

Tome I.   a

EPITRE.

daigne honorer ce qui reste de la famille de M. Boursault, enhardissent sa Petite-fille à vous supplier, MADAME, de jetter un œil favorable sur le respectueux hommage qu'elle a l'honneur de vous présenter.

Il faut pardonner à mon zéle, pour la mémoire d'un Ayeul si cher, l'ambition qui me porte à oser orner ses Ouvrages d'un Nom auguste, qui suffit seul pour en assurer le mérite, ou pour en rehausser le prix. Est-il un gage d'immortalité plus glorieux pour un Auteur, qui dans sa vie avoit mérité quelque réputation, que de Vous voir, après sa mort, la confirmer par votre suffrage ? Ou, s'il étoit

EPITRE.

befoin, MADAME, de faire re-
vivre fon nom, eft-il un plus fûr
appui pour le tranfmettre à la po-
ftérité, que d'agréer qu'il revoye le
jour fous la protection du vôtre?

Une recommandation fi glorieufe, qui met le comble à tous vos
bienfaits, ne met plus de bornes à
mon humble & vive reconnoiffan-
ce. C'eft elle feule que je rends publique; & quand j'adreffe mes pro-
fonds refpects à VOTRE ALTESSE
SE'RE'NISSIME, je n'afpire qu'au
feul honneur de lui marquer tous
les fentimens d'une fi jufte recon-
noiffance, fans porter mes foibles
vûes jufqu'à la préfomption d'en-
treprendre fon éloge. Siéroit-il bien,
MADAME, à une jeune perfon-

EPITRE.

ne, *qui doit n'admirer qu'en silence l'assemblage des dons precieux dont le Ciel vous a partagée, d'oser indiscrétement louer une des Princesses du monde la plus digne de louange, & la plus dignement louée ; dont l'esprit universel, les vûes sublimes & perçantes, les connoissances multipliées, les talens rares & variés ont épuisé l'éloquence des plumes les plus délicates, & occupé l'admiration des plus beaux Génies de nos jours ?*

C'est assez pour moi, MADAME, de sçavoir reconnoître en vous la Fille de tant de Héros, qui ont été l'amour de leurs sujets, la défense de leur Patrie, & la gloire de leur siécle ; l'épouse d'un Prince ac-

EPITRE.

compli, qui joint à toutes les vertus, l'éclat de toutes les lumiéres,
& que le plus grand des Rois
avoit lui-même formé, pour lui
confier le foin & la gloire d'en former un autre ; la Mere d'auguftes
enfans, que les qualités du cœur
& la nobleffe des fentimens font
chérir & refpecter, en attendant
les occafions où leur héroïque va-
leur les fera admirer & craindre.
Enfin, MADAME, je me crois permis de révérer & d'aimer en vous
une Princeffe tout-aimable, magnifique, généreufe, bienfaifan-
te, toujours affable ; qui ne fait
fentir fa grandeur que par fa protection, & l'élevation de fon
rang que par les pas que fa bonté

a iij

EPITRE.

lui fait faire pour en descendre.
Ce sont là les motifs du zéle,
du dévouement inviolable, & du
très-profond respect avec lesquels
j'ai l'honneur d'être,

MADAME,

DE VOTRE ALTESSE SÉRÉNISSIME,

La très-humble & très-obéis-
sante servante, HIACINTHE
BOURSAULT.

AVERTISSEMENT.

ON a cru faire plaisir au Public, de rassembler dans ce *Receuil* toutes les Piéces de Théatre, qu'il a été possible de recouvrer de la composition de feu Monsieur BOURSAULT. Ce n'a pas été sans soin, ni sans recherche qu'on est parvenu à donner cette nouvelle Edition : Il y a telle de ces Piéces, que l'Auteur avoit fait représenter lorsqu'il n'avoit pas encore quinze ans ; & qui pour le temps, & pour sa jeunesse étoient alors trouvées très-jolies. Il s'en faut bien toutefois qu'elles ne soient de la beauté de ses derniéres Comédies. C'étoient les premiéres saillies d'un

a iiij

esprit vif & enjoué, & comme
les coups d'essai d'un génie heureux
& facile, qui sans avoir eu dans son
enfance aucune teinture de lettres,
produisoit de son propre fonds, &
sembloit n'ignorer de rien, quoiqu'il
n'eût jamais rien appris.

Il étoit de *Mussy-l'Evêque*, petite
Ville de Champagne, (entre Bar-
sur-Seine & Chastillon) dont les
Evêques de Langres sont Seigneurs;
& où ils ont embelli un Château,
qui leur sert de maison de plaisance,
& qui a l'agrément d'être entouré de
la riviére de Seine. C'est d'une des
premiéres familles de ce lieu que na-
quit *Edme Bourfault*, au commen-
cement d'Octobre de l'année 1638.
Son pere, qui avoit passé sa jeunesse dans le Service, n'avoit pas pris
dans les Troupes beaucoup de goût
pour les belles Lettres; & il ne se
mettoit guére en peine que son fils
fût mieux élevé, & devînt plus ha-

bile homme que lui : & quoiqu'il fût
affez riche, il eût regretté un écu
qu'il en eût coûté à fes plaifirs, pour
donner à fes enfans une éducation
qui eût fuppléé au tort qu'il leur
faifoit d'ailleurs, & au peu de bien
qu'ils avoient à efpérer de fon dé-
rangement de conduite.

Celui-ci n'a donc jamais eu aucune connoiffance de la langue Latine ; & quand en 1651, il arriva à
Paris, il ne parloit que Franc-Cham-
penois, & ne fçavoit par conféquent
que fort groffiérement la Langue
Françoife : Cependant en peu de
mois ce jeune homme fçut de lui-
même fe tirer de cette barbarie ; &
il parvint en moins de deux ans à
pénétrer toutes les beautés & toutes les délicateffes d'une langue, qu'il
a poffédée dans la plus exacte & la
plus parfaite pureté.

Ce fut pour lui un grand malheur,
que la coupable négligence d'un pere

avare ou libertin, n'eût pas fait étu-
dier un enfant, qui avoit de si favorables dispositions à apprendre.
Outre que le secours de l'étude en
eût fait un très-habile homme, au
lieu qu'avec tout son mérite il n'a
pû être qu'un homme d'esprit ; c'est
que les Lettres latines lui eussent
ouvert le chemin à une brillante
fortune. Car en 1671, ayant fait
par ordre du feu Roy, pour l'éducation de Monseigneur le Dauphin,
un livre qui a pour titre : *L'Etude
des Souverains*, (ouvrage écrit avec
autant de feu que de jugement, &
qui est plein d'un bout à l'autre
d'exemples illustres & nécessaires,
tant aux jeunes Princes qu'on in-
struit, qu'aux grands hommes qui
sont chargés d'une instruction si pré-
cieuse :) ce grand Roy en fut si content, qu'il se fit lire plusieurs fois ce
Traité d'éducation, qui l'instruisoit
en l'amusant : & il en crut l'Auteur

fi capable de contribuer à former la jeuneſſe d'un grand Prince, qu'il lui fit l'honneur de le nommer Sous-Précepteur de MONSEIGNEUR. Le ſeul défaut de latinité ne permit pas à M. Bourſault, de profiter d'une grace ſi honorable & ſi flateuſe ; & au déſeſpoir d'être obligé à avouer ſon malheur, autant que ſon ignorance, il ſe vit remplacé par un homme d'un mérite ſuperieur & d'une vaſte érudition, qui étoit le fameux M. Huët, depuis Evêque d'Avranches.

Ce fut dans ſa premiére jeuneſſe que M. Bourſault donna au Public, *Le Mort vivant : Les Cadenats : Le Médecin volant : Les Nicandres.* Cette derniére Piéce fut d'abord repréſentée en cinq Actes, telle que nous l'imprimons aujourd'hui ; mais l'Auteur la trouvant trop longue, la réduiſit à trois Actes, & en ôta tout ce qui lui parut de moins intéreſſant ou de ſuperflu. Elle en étoit plus vive, plus comique, & plus du goût du Public : mais quelque recherche qu'on ait faite pour la trouver en trois Actes, on n'a pû recouvrer que la premiére Edition, tous les exemplaires de la seconde ayant été bientôt enlevés : ce qui a forcé à la donner ici telle qu'elle a paru d'abord, & par conséquent moins bonne qu'elle ne l'a été sans doute après sa correction.

Il couroit alors un petit Poëme sur *les Yeux de Philis changés en Astres*, dont on trouvoit les vers fort beaux. L'Auteur pria M. Boursault de donner à son Ouvrage la forme & le jeu d'une *Pastorale*. Ce fut dans le même temps qu'on l'obligea, presque malgré lui, à faire la Critique d'une des plus belles Comédies de *Moliére*, qui est *l'Ecole des Femmes*. Ce fut pour obéir à ceux qui l'y avoient engagé, & à qui il ne pouvoit rien refuser, qu'il fit jouer en

1663, sa Comédie du *Portrait du Peintre*, sur le Théâtre de l'Hôtel de Bourgogne. Moliére en fut si piqué, que pour répondre à son Censeur, il eut recours aux invectives & à des injures grossieres dans son *Impromptu de Versailles*. Cette vengeance étoit si peu digne d'un homme d'honneur & de probité, que Monsieur Boursault n'en fut ni offensé, ni surpris.

Il fut plus touché de se voir maltraiter par M. *Despreaux*, pour qui il avoit de l'estime, & dont il ne croyoit pas s'être attiré le mépris. Pour en marquer son ressentiment, il composa en 1669, une petite Comédie intitulée : *La Satyre des Satyres*. Le Poëte satyrique la voyant annoncée, affichée, & prête à représenter, n'en voulut pas courir les risques, ni s'exposer à être joué, bien ou mal, en plein Théâtre : & pour détourner ce coup, il demanda, (sous

prétexte qu'on l'alloit diffamer) &
obtint des défenses de pasſer outre,
d'un Tribunal auguſte, qui ne lui
eût peut-être pas été ſi favorable,
s'il n'en eût ſurpris la religion. Il n'y
avoit dans la *Satyre des Satyres* rien
de diffamant contre l'honneur & la
perſonne d'un ſi habile homme ; &
ce n'étoit qu'une Critique badine &
modérée de quelques traits des Satyres de ce fameux Cenſeur. L'Auteur de la Comédie n'ayant plus la
liberté de la faire repréſenter, obtint, malgré M. *Deſpreaux*, un Privilége pour l'imprimer ; & il mit à
la tête une courte Préface, auſſi vive que judicieuſe, ſur la licence té-
méraire de nommer ſans retenue des
gens d'Eſprit & d'honneur. M. *Deſ-*
preaux, qui s'attendoit à un libelle
diffamatoire, fut touché de la modération d'un Poëte juſtement irrité, & qui avoit aſſez de génie pour
faire valoir ſon reſſentiment ; & il a

dit plusieurs fois, que M. *Boursault* étoit le seul qu'il se repentoit d'avoir attaqué, & que la Préface de sa Comédie étoit l'Ecrit le plus judicieux de tous ceux qui avoient paru contre ses Satyres.

Quelques années ensuite, M. *Despreaux* étant allé aux eaux de *Bourbon*, pour une extinction de voix, & y étant resté beaucoup plus de temps qu'il ne l'avoit espéré, M. Boursault, qui étoit pour lors à *Montluçon en Bourbonnois*, apprit par un de leurs amis communs, que son Censeur étoit dans son voisinage, & qu'il y manquoit d'argent ; il n'hésita pas un seul moment à l'aller trouver à *Bourbon*, pour lui faire offre de tous services, dans une Province où ses emplois le mettoient assez en crédit ; & pour effectuer ses offres, il commença par lui porter une bourse de deux cens loüis. M. *Despreaux* fut si surpris & en même temps si touché d'une générosité qu'il avoit si peu méritée, que rappellant toute l'estime qu'il ne pouvoit refuser à un homme dont il s'étoit de gayeté de cœur & sans sujet **fait un** ennemi, il se réconcilia sincérement, & lia avec M. Boursault une étroite & tendre amitié, qui a duré toute leur vie, avec autant de fidélité, que de justice de part & d'autre. Ils s'en sont donnés dans leurs Ouvrages, de mutuelles preuves, notre Auteur ayant dans ses Lettres rendu publiquement hommage au mérite de M. Despreaux; & celui-ci, dans les Editions qu'il a fait faire de ses Œuvres depuis leur réconciliation, en ayant ôté le nom de *Boursault*, auquel il a substitué les noms de *Pradon*, ou de *Perrault*, selon qu'il en avoit besoin pour la mesure ou pour la rime. Ce trait, qui fait honneur à ces deux Poëtes, prouve que M. Boursault n'étoit pas moins recommandable par les qua-

lités du cœur, que par celles de l'efprit; & tous ceux qui l'ont connu,
publient qu'il n'avoit pas moins de
droiture & de probité, que d'agrément & de mérite.

Quoiqu'il fût né fort vertueux,
& qu'il ait même toujours eu un
grand fonds de religion, (comme il
paroît par la morale aussi pure qu'é-
difiante, qu'il a répandue dans tous
ses Ouvrages) il lui arriva une aventure qui le fit soupçonner par les dé-
vots, de libertinage d'esprit. Dans sa
première jeunesse, & dans le tems
qu'il étoit Secretaire des Comman-
demens de la Duchesse d'Angoulê-
me, veuve d'un fils de Charles IX,
il fit par ordre de la Cour, quelques
Gazettes en vers enjoués, qui diver-
tirent assez le feu Roy, pour porter
ce grand Prince à ordonner à l'Auteur, en lui donnant une pension de
deux mille livres, avec bouche à
Cour, de travailler à cette Gazette,

& de la lui apporter toutes les se-
maines. Cet Ouvrage approuvé du
Maître, le fut bientôt de tous les
Courtisans, qui croyoient faire leur
cour, que de louer extrêmement ce
qui divertissoit le Roy. Une semaine
entr'autres s'étant trouvée stérile en
nouvelles, le Cazetier se plaignit,
à la table de M. le Duc de Guise,
de n'avoir rien de divertissant, dont
il pût remplir sa Gazette.

Ce Prince s'offrit d'abord à lui
donner un sujet tout propre à réjouir
le Roy & la Cour. C'étoit une aventure arrivée à la porte de l'Hôtel de
Guise, chez une Brodeuse fort en
vogue, où les Capucins du Marais
faisoient broder un S. François. Un
jour que leur Sacristain étoit allé chez
la Brodeuse, voir où en étoit l'ouvrage, il s'endormit profondément, la
tête sur le métier où il regardoit travailler. L'habile & malicieuse Ou-
vrière, qui en étoit justement à bro-

der le menton du Saint, faisit l'occasion favorable d'ajuster artistement la longue barbe du Révérend Pere, pour en composer en diligence la barbe de S. François. Au réveil du Religieux, aussi étonné qu'indigné de se trouver pris par un endroit qu'il croyoit si respectable, il y eut un débat assez plaisant entre lui & la Brodeuse, à qui resteroit cette barbe, & si ce seroit au saint Fondateur, ou à son humble Disciple qu'on seroit forcé de la faire.

Ce fut de cette aventure que le jeune Auteur, en brodant une seconde fois cette vénérable barbe, fit la plus jolie de toutes ses Gazettes, par un esprit de badinage, & nullement d'impiété. Le Roy, qui étoit jeune, en rit beaucoup, & n'y trouva point à redire. La vertueuse Reine Marie-Thérése, qui étoit la piété même, ne laissa pas d'en rire aussi, & n'en fut point scandalisée. Toute la Cour

à l'envi, en apprit les vers par cœur.
Mais le Confesseur de cette Princesse, qui étoit un Cordelier Espagnol
qui n'entendoit pas raillerie, irrité
encore par les Capucins, qui crioient
vengeance contre l'outrage fait à
leur séraphique Pere, mit le scrupule dans l'esprit de cette pieuse Reine, & l'obligea à en demander au
Roy une punition exemplaire. Sa
Majesté voulut par bonté, tourner
la chose en raillerie, & dit même à
cette Princesse tout ce qu'il put pour
l'adoucir ; mais la voyant obstinée
à le prendre sur le sérieux, il la laissa
la maitresse de faire tout ce qu'elle
voudroit.

La Reine, toujours excitée par le
Pere Confesseur, qui lui en faisoit un
point de conscience, manda M. le
Chancelier Seguier, à qui elle ordonna de retirer le Privilége accor-
dé à l'Auteur, & de l'envoyer à la
Bastille jusqu'à nouvel ordre, pour

lui apprendre à ne plus badiner avec les Saints. Ce grand Chef de la Justice, protecteur de tous les gens de Lettres, & qui honoroit particuliérement M. Bourſault de ſes hontés, ne trouva pas le délit auſſi grand que l'étoit la colére de la Reine : mais en obéiſſant aux ordres de S. M. il eut ſeulement l'attention d'ordonner à l'Officier qu'il chargoit des ſiens, de laiſſer à l'Auteur, quand il iroit l'arrêter, tout le loiſir néceſſaire pour écrire au Roy & à ſes Protecteurs.

Le pauvre Bourſault, qui bien content de lui-même & du ſuccès de ſa Gazette, ne s'attendoit à rien moins qu'au compliment de cet Officier, qui étoit de ſes amis, commença par le prier de ſe mettre à table avec d'autres jeunes gens d'eſprit qui déjeunoient ce matin-là chez lui : & quoiqu'il ne fût pas fort content du gîte où il devoit coucher, il ne perdit rien de ſa belle humeur, & il ſe ſervit

du temps qu'on lui laiſſoit, pour écrire une Lettre en vers à Monſieur le
Prince, *le grand Louis de Condé*, ſon
protecteur déclaré. Cette Lettre
commençoit ainſi :

> Grand Prince, on me traite d'impie :
> Et d'un hardi Faiſeur de * vers, (* *Théophile*)
> Qui de ſes traits malins perça tout l'Univers,
> On veut que je ſois la copie.
> Les gens de bien ſont ébaudis
> De voir les Saints de Paradis
> Déchaînés contre le Parnaſſe :
> Car, auguſte Sang de nos Rois,
> C'étoit autrefois ſaint Ignace,
> Et c'eſt aujourd'hui ſaint François.

Ce Prince ſi généreux, eut la bonté
d'en parler au Roy, qui fit révo-
quer ſur le champ l'ordre d'aller à
la Baſtille ; mais qui, par conſidé-
ration pour la Reine, fit défendre
au coupable de continuer de travailler à la Gazette, & qui pis eſt, lui
retira la penſion de deux mille
francs.

Ce ne fut que bien des années enſuite que M. le Chancelier Boucherat retira au même Auteur le Privilége d'un autre Ouvrage intitulé, *La Muſe enjouée*, qu'il faiſoit tous les mois, par l'ordre du Roy, pour inſtruire & divertir Monſeigneur le Duc de Bourgogne. Comme c'étoit dans le temps de la guerre qu'on nommoit *du Prince d'Orange*, il échapa dans la *Muſe enjouée*, quelques traits un peut trop vifs, pour réponſe à une Médaille frappée en Angleterre, où d'un côté étoit le portrait de *Louis XIV.* avec ces mots : *Ludovicus Magnus*; & de l'autre, celui du Roy *Guillaume*, avec cette inſcription : *Guillelmus Maximus*. Ce trait finiſſoit par ces deux vers.

Et quand Louis eſt Grand par de grandes vertus,

Si Guillaume eſt très-grand, c'eſt par de très-grands crimes,

On commençoit à parler de la
Paix, & l'on n'eût pas été bien aise
qu'on eût eu à nous reprocher de
pareilles apostrophes. La modération du Roy, toujours plein de dignité, vouloit que jusques dans ses ennemis on respectât les Têtes couron-
nées, & qu'on ne prît point ex.m-
ple sur la licence de ces Peuples,
qui permettent à leurs Ecrivains
d'attaquer, en temps de guerre, les
Noms les plus respectables. Ce grand
Prince fit redemander le Privilége à
l'Auteur, en lui faisant dire avec
bonté, par M. le Chancelier, que
ce n'étoit par aucun mécontente-
ment qu'on eût de lui, mais par des
raisons supérieures, & qui lui étoient
étrangéres.

Ce fut en 1671, que parut la
Tragédie de *Germanicus*, qui eut
un fort grand succès, & qu'en pleine
Academie loua hautement le grand
Corneille. *Marie Stuard* vint ensuite,

&

& par le malheur qui semble être attaché à ce nom, elle ne fut pas reçûe avec tant d'applaudissement ; les vers en sont toutefois fort beaux, & les sentimens très-nobles : mais elle ne fut pas du goût du Public, qui respecte plus les sujets que l'*Antiquité* a consacrés, que les faits qui sont plus récens, & que l'Histoire *moderne* familiarise trop avec nous, en les rapprochant de notre âge.

Mais une Piéce qui fit grand bruit, & qui eut un succès surprenant, fut *La Comédie sans titre*, autrement, *Le Mercure Galant*, que M. Boursault jugea à propos de donner sous le nom de feu *Poisson*. M. *de Visé*, Auteur du *Mercure*, en porta ses plaintes à la Cour, qui le renvoya à M. *de la Reinie*, alors Intendant de Police. Ce Magistrat s'étant fait apporter cette Comédie, la trouva trop belle pour la supprimer, & se contenta d'ordonner, pour appaiser

M. de Visé, qu'on ne l'intituleroit plus, *Le Mercure Galant*, mais *La Comédie sans titre*. C'est la satyre la plus agréable & la plus ingénieuse qui eût paru depuis *Moliére*, sur le Théâtre François ; où sans attaquer directement le *Mercure*, ni son Auteur, on se contente de produire quantité de sots & de ridicules, qui viennent y demander place, ou apporter leurs Ouvrages. C'est d'un bout à l'autre, un badinage si vif & si divertissant, qu'on ne pouvoit se lasser de la voir, & qu'elle fut jouée de suite plus de quatre-vingts fois *au double.*

C'est à peu près dans ce tems-là qu'une Dame très-respectable, ordonna à M. Boursault de lui composer des paroles pour un *Opera*, qu'elle projettoit en secret de donner au Roy dans son Château de M. où Sa Majesté devoit aller. Ce fut la Dame qui choisit elle-même le sujet de *Meleagre*, & l'Auteur l'exécuta avec autant de promptitude, que de génie & de délicatesse. Ce projet n'ayant pû être si secret, qu'il ne transpirât à la Cour, la Dame n'espérant plus lui donner le mérite de la surprise, ne voulut plus que *Lully* en mît les paroles en musique, ni qu'on en entendît parler. Il y a encore en vers lyriques, un Divertissement composé par le même Auteur, sous le nom de *Fête de la Seine*, qui fut mis en musique pour une Fête donnée à *Asniere*, à S. A. S. Madame la Duchesse de *Brunswich*, mere de l'Imperatrice *Amelie*.

En 1690, parut l'excellente Comédie des *Fables d'Esope*, qui fut admirée dans son tems, & qui encore aujourd'hui fait autant de plaisir à lire, qu'on en eut autrefois à la voir représenter. C'est de cette Comédie que *Saint Evremont* a écrit

qu'il n'avoit rien lû dans ce caractére, de plus beau en notre Langue,
& que la seule hardiesse (indépendamment du succès qui l'avoit justifié)
d'oser mettre le premier des Fables
d'Esope sur la Scene, ne pouvoit par-
tir que d'un génie qui pensoit au-des-
sus du commun. On en a fait nombre d'éditions, non-seulement dans
toute la France, mais en Hollande,
en Angleterre, en Allemagne, en
Italie; on l'a traduite en toutes ces
Langues : on l'a jouée *en François,*
sur tous les Théâtres de l'Europe; &
actuellement *à Londres,* on la joue
très-souvent traduite en Anglois.
C'est une morale fine, intéressante,
agréable, & en même tems utile,
amenée avec tant de naturel, que le
cœur y prend autant de part que
l'esprit.

L'année suivante, M. Boursault
fit jouer son *Phaëton,* Comédie héroïque, en vers libres, qu'il avoit
travaillée à plaisir, & dont il se pro-

mettoit encore plus d'honneur, que ne lui en avoit fait son *Esope:* mais les Comédiens l'ayant trop vantée avant que de la représenter, & trop assurés du succès que leur promettoit cette Piéce, ayant refusé toutes les autres qui leur furent présentées, une cabale d'Auteurs piqués, la décria si fort dans le Public, qu'on en étoit dégoûté presque avant que de l'avoir vûe, & qu'on y portoit un esprit mal intentionné, ou prévenu. Ce n'étoit pas (disoit-on) que l'ouvrage ne fût plein de beautés ; on convenoit aisément que tout y petilloit d'esprit : mais on se plaignoit que cet esprit y fût répandu avec plus de profusion que de choix, plus de vivacité que d'ordre. Ce même Public si difficile fut de meilleure humeur, & plus favorable à une petite Piéce en Vers, que l'Auteur avoit faite, en badinant, sur les Modes de ce

tems-là, & fur les maniéres affe-
ctées de parler & de s'habiller. Elle
fut expofée fous le nom des *Mots
à la Mode*, & reçûe avec beaucoup
d'applaudiffement & de plaifir. C'eft
une des jolies bagatelles qui ayent
paru fur le Théâtre.

Enfin la derniére Piéce qui foit
fortie de la plume de M. Bourfault,
eft fon *Efope à la Cour* : Comédie,
qui feroit un chef-d'œuvre, fi une
mort prématurée lui eût laiffé le
loifir de repaffer lui-même fur fon
Ouvrage, & d'y donner la derniè-
re main. Telle qu'elle étoit fur le
papier, elle fut encore alterée à la
repréfentation, où l'on fe crut obligé de retrancher quantité des plus
beaux Vers, parce qu'on les trouvoit trop forts, & qu'on en craignoit
les applications. Par exemple : Dans
la belle Scéne du premier Acte, où
Créfus fe plaint à *Efope* du peu de
fincerité des Courtifans toujours

prêts à encenser jusqu'aux défauts de leurs Princes ; on lui faisoit dire ces quatre beaux Vers.

Par là je m'apperçois, ou du moins je soupçonne
Qu'on encense la Place autant que la personne ;
Que c'est au Diadéme un tribut que l'on rend ;
Et que le Roy qui régne est toujours le plus Grand.

Et dans la même Scéne où *Crésus* disoit encore :

Quoique jusques ici l'équité de mes armes,
A mes seuls ennemis ait causé des allarmes :
Je renonce avec joye aux plus vastes projets,
Si les exploits du Prince épuisent les Sujets.
Guide mes pas toi-même au chemin de la Gloire.

Esope répondoit.

D'ordinaire les Rois y vont par la Victoire,
Seigneur ; c'est le sentier le plus suivi par eux,
Et qu'on trouve honorable, à force d'être affreux.
Quelle grande bataille a-t-on jamais gagnée,
Que l'horreur n'ait suivie, ou n'ait accompagnée ?
Eh ! Qu'est-ce que l'on gagne ? Un morceau de
    terrain,

b iiij

Que le Victorieux quitte le lendemain.
Cependant bien souvent pour de telles Conquêtes,
Il en coûte au Vainqueur quinze ou vingt mille
    Têtes :
Et le sang que l'on perd dans ce gain malheureux ,
Est toujours le plus noble & le plus généreux , &c.

Il y avoit grand nombre de Vers de la même force répandus dans toute la Piéce, qu'on a, ou supprimés, ou gâtés : & elle ne laisse pas encore d'avoir des beautés inimitables, & qui font regretter la perte d'un Auteur, qui écrivoit avec tant de noblesse & de vérité.

Il a fait aussi des Vers de dévotion, entr'autres *les Litanies de la Sainte Vierge*, (une Strophe sur chaque Verset) où, avec toutes les graces de la Poësie, l'Auteur a répandu beaucoup de pieté & d'onction. C'est dommage qu'il ne se trouve plus d'Exemplaires de ce petit Livre, dont la seconde Edition est de 1667.

M. Bourſault n'écrivoit pas moins poliment en Proſe qu'en Vers , témoins les trois Tomes de ſes Lettres , dont il s'eſt fait tant d'Editions ; & qui ſont ſi agréables par la varieté des traits , des ſaillies , des contes , des fables , des bons mots , des faits anecdotes , des Epigrammes , & des jolis Vers dont ces Lettres ſont remplies , qu'on les lit & relit avec un nouveau goût , & qu'on les trouve toujours nouvelles , quoique celles qu'on nomme *à Babet* , ſoient imprimées dès l'année 1666. Elles ſont écrites d'un ſtyle ſi naturel & ſi galant , & avec une naïveté ſi inſinuante, que l'illuſtre Comteſſe *de la Suze* , qui en aimoit & eſtimoit particuliérement l'Auteur , fit ce Madrigal à leur louange.

Babet , qui que tu ſois , que tes Lettres ſont belles !
Que pour toucher les cœurs elles ont de pouvoir !
    Ce ſont des beautés naturelles ,

Qu'on ne se lasse point de voir.

Les naïvetés enchantées ,

Qu'avec tant d'enjouement ton amour t'a dictées,

Ont d'inimitables appas.

Quand Tircis insensible aux accens de ma Lyre,

Pour ne pas m'écouter portoit ailleurs ses pas,

Que ne te connoissois-je , hélas!

Tu m'aurois appris à lui dire

Ce que je ne lui disois pas.

Il y a du même Auteur d'autres ouvrages en Prose outre *l'Etude des Souverains*, dont il est parlé ci dessus, *Le Marquis de Chavigny* & *Le Prince de Condé*, qui sont deux petites Nouvelles historiques, écrites avec tout le feu & toute la politesse imaginables. On lit encore de lui un autre Roman, en deux Tomes, sans nom d'Auteur, intitulé, *Ne pas croire ce qu'on voit*; qui est si divertissant & d'un style si enjoué, qu'on l'a souvent attribué à *Scarron*: C'est en faire un grand éloge.

M. Bourfault n'étoit encore qu'à l'âge de 63 ans, & jouiſſoit de toute la force de ſon eſprit & de ſa ſanté, lorſqu'il fut attaqué d'une colique ſi violente, qu'elle lui noüa l'inteſtin; & pendant les huit jours qu'il a ſurvêcu à une opération ſi douloureuſe, il donna à ſa famille les marques les plus édifiantes de courage, de patience, de réſignation & de pieté. Il voulut par la confiance & l'eſtime qu'il avoit pour ſon fils le Théatin, ſe confeſſer à lui à la mort; & que ce fût un fils ſi cher qui lui fermât les yeux, ce qui arriva le 15 Septembre 1701. Il mourut très-regretté du Public & de ſes amis. Il avoit été en commerce & en liaiſon d'amitié avec tous les beaux eſprits de ſon tems, qui le chériſſoient pour la douceur & la bonté de ſes mœurs, autant qu'ils l'eſtimoient pour la vivacité & la délicateſſe de ſon génie.

b vj

Le Grand *Corneille* l'appelloit *son fils*, & l'honoroit de ses avis & de son approbation dans tout ce que cet Auteur, encore jeune, faisoit paroître sur la Scéne. A la représentation de *Germanicus*, ce grand Maître du Théâtre, lui donna hautement son suffrage, & dit en pleine Académie, *qu'il ne manquoit à cette Piéce que le nom de M. Racine, à qui elle ne feroit point deshonneur.* Messieurs *Pélisson*, *Charpentier*, *de Scudéry*, *Tallemant*, *Ménage*, *Quinault*, *Segrais*, avoient été ses amis intimes : Mesdames *De la Suze* & *de Villedieu*, & Mademoiselle *de Scudéry* avoient toujours eu pour lui une amitié particuliére : *Thomas Corneille*, qui a écrit avec tant d'érudition, & dont le mérite n'a eu pour ombre que d'avoir un frere plus grand que lui, aimoit tendrement M. Boursault, & vouloit absolument qu'il demandât à être de l'Académie. Et fur ce que celui-cî lui alléguoit toujours fon ignorance, & lui demandoit de bonne foi ce que feroit l'Académie d'un fujet ignare & non lettré qui ne fçavoit ni *Latin ni Grec. Il n'eft pas queftion*, lui répondoit-il, *d'une Académie Grecque ou Latine, mais d'une Académie Françoife: & qui fçait mieux le François que vous?*

C'eft lui qui, à la repréfentation d'une des meilleures Piéces * de Théâtre de notre Auteur, qu'une cabale déclarée avoit entrepris de faire tomber, lui fit donner un jour au foyer de la Comédie, où un grand monde étoit affemblé, un Billet cacheté & fans fignature, où il y avoit ce Madrigal:

Plus je vois ton ouvrage, & plus j'en fuis avide.
    C'eft ainfi qu'au tems ancien
    Ecrivoient le galand Ovide
    Et l'ingénieux Lucien.

* *Phaëton.*

AVERTISSEMENT.

Richelet, ſi connu par ſes ouvrages & par ſon Dictionnaire, ayant
ſçû du Chevalier *Edelink*, fameux
Graveur, qu'il alloit travailler au
Portrait de M. Bourſault, lui en-
voya ces Vers obligeans, pour mettre au bas du Portrait.

Voiture, Sarrazin, La Fontaine, Moliére,
Dont la Parque infléxible a finit la carriére,
Poëtes accomplis, Orateurs excellens;
     L'Homme, à qui ce portrait reſſemble,
Sans étude lui-ſeul a les diverſes talens,
Qu'avec tant de ſçavoir vous aviez tous enſemble.

On a mis à la tête de ce Recueil
la Lettre ſur *les Spectacles*, qui fit
tant de bruit en 1694, & qui donna lieu à tant de bons & de mauvais écrits qui parurent alors pour
& contre la Comédie.

LETTRE
D'UN HOMME
D'ÉRUDITION ET DE MÉRITE

*Consulté par l'Auteur pour sçavoir,
si la Comédie peut être permise, ou
doit être absolument défendue.*

ONSIEUR,

Je m'étois toujours défendu de
vous donner par écrit mon senti-

ment sur la Comédie, & j'avois tâ-
ché d'éviter ce coup, en vous ap-
portant pour excuse, & la délicatesse de la matiére, & le peu de ca-
pacité de celui qui la devoit traiter ; mais je ne puis plus tenir contre
l'obstination & l'importunité de vos
priéres (si jamais cependant un Ami
tel que vous, Monsieur, est capable d'importuner :) & pour vous
guérir de la crainte scrupuleuse où
vous êtes, que votre conscience ne
soit intéressée dans les Ouvrages de
votre esprit, je passe aujourd'hui
par dessus ces deux difficultés ; voulant bien m'exposer en votre faveur
à ne pas répondre à la haute idée
que vous avez conçûe de mon peu
de mérite ; & m'engager, pour
vous tirer de peine, dans une des
plus difficiles, mais des plus cu-
rieuses Questions que les Théologiens ayent traitée. En effet, Monsieur, plus j'examine les Saints Peres,

plus je lis les Théologiens, plus je consulte les Casuistes, & moins je sçai à quoi me déterminer : à peine ai-je trouvé quelque tempérament en faveur de la Comédie dans les Scholastiques (*a*), qui presque tous sont d'avis de lui faire grace, que je me sens accablé par un torrent de Passages des Conciles & des Peres, qui depuis le premier jusqu'au dernier, ont tous fulminé contre les spectacles, & ont employé la ferveur de leur zêle, & la vivacité de leur éloquence pour en donner une si grande horreur aux fidéles, que les consciences foibles ou timorées ne veulent pas même qu'il soit permis d'en disputer, & traitent de pernicieux & de relâchés, les Docteurs qui ont l'indulgence de les tolérer.

(*a*) Le Card. de Turre-Cremata. Regnier de Pise. Jean Viguier. Le Cardinal Cajetan. Armilla. Tabienna. Medina. Sylvester. Comitolus. Megalius. Henriquez. Sanchez. Emmanuel Sa. Scaïsella. Bonacina. Diana, &c.

Si je m'abandonne à la rigueur avec
les Peres de l'Eglise, & que j'inve-
ctive contre la Comédie comme contre une des plus pernicieuses inven-
tions du démon, je ne puis lire nos
Théologiens, ces grands hommes si
distingués par leur piété & par leur
doctrine, que je ne me laisse adoucir
par la droiture de leur raisonnement,
& plus encore par la force de leur autorité. Vous m'avouerez, Monsieur,
qu'on seroit embarrassé à moins ; &
que ce n'est pas une petite affaire de
décider une Question dont les sentimens sont si partagés : Car dites-moi,
je vous prie, de quel côté se tourner ? Laisserons-nous là les Peres &
les Conciles pour suivre le sentiment
des Modernes ? Nous croirions, vous
& moi, faire un crime, sur-tout après
la décision d'un grand Pape (*a*), qui
ne veut pas que dans la morale on se

(*a*) *Sanctorum Patrum*, &c. Alex. III. Epist. 19.
Ulpal. Episc.

serve d'autres régles que de celles que nous ont laissés les Saints Peres. Serons-nous obligés de dire que ce qu'il y a eu d'habiles Théologiens, plus recommandables encore par la sainteté de leurs mœurs que par l'éclat de leur science, ou se soient trompés eux-mêmes, ou ayent eu le dessein de nous tromper ? Cela seroit bien violent : & quand saint Augustin (*a*) nous a recommandé d'avoir de la vénération pour l'autorité de nos Peres, il n'a pas entendu que ce fût aux dépens de ceux qui les auroient suivis.

Nous aurions bientôt décidé la Question, si l'Ecriture Sainte s'en expliquoit de quelque maniére que ce pût être : mais comme a fort bien remarqué Tertullien (*b*), nous n'y

(*a*) *Veneranda quidem* , &c. lib. 2. contra Academic. cap. 3.

(*b*) *Plane nusquam* , &c. lib. 1. de Spectac. cap. 86.

trouvons nulle part, que, de même
qu'elle défend en termes exprès, d'a-
dorer les Idoles, ou de commettre
des homicides, des trahisons & des
adultéres, elle commande aussi ex-
pressement de n'aller point au Cirque & au Théâtre ; de ne point voir
les combats des Gladiateurs ; enfin
de n'assister à aucun Spectacle. Lisez
& relisez l'Ecriture, vous n'y trou-
verez point de précepte formel &
particulier contre la Comédie. Les
Peres assurent qu'on n'y peut pas assister , les Docteurs Scholastiques
soutiennent le contraire. Tâchons
donc de nous servir de cette régle
de saint Cyprien (*a*), ,, que la rai-
,, son doit expliquer ce que l'Ecritu-
,, re a voulu taire ; " & faisons nos
efforts pour concilier les conclusions
des Théologiens avec les décisions
des Peres de l'Eglise.

(*a*) *Præceptorum loco*, &c. lib. 1. de Spect. in
princip.

Mais parce que c'est quelque chose d'assez délicat, & que le point de la Question consiste à les bien accorder ensemble ; je veux bien ne vous rien avancer de moi-même, & vous faire parler en ma place l'incomparable saint Thomas, lequel étant d'un côté un Pere très-religieux & un très-saint Docteur de l'Eglise, & de l'autre l'Ange de l'Ecole, le Maître & le Chef de tous les Théologiens, me paroît tout-à-fait propre pour rassembler les sentimens partagés des uns & des autres, & pour nous tracer le chemin que nous devons suivre sans avoir peur de nous égarer.

Si j'avois à parler à quelque moins habile homme, ou bien à quelque esprit difficile, qui pour se donner un air de critique ou de réforme, auroit la témérité de rejetter la doctrine de saint Thomas, comme opposée à la Morale des Peres, & peu conforme en quelques endroits aux

maximes les plus pures de la Religion ; je n'aurois pas de peine à lui
fermer la bouche, & à lui apprendre à porter à la doctrine de ce saint
Docteur toute la vénération qui lui
est dûe, & que les Conciles, les Souverains Pontifes, & tous les grands
hommes qui l'ont suivi, n'ont pû lui
refuser. Si vous trouvez jamais quelqu'un de ces Sages en votre chemin,
vous n'avez qu'à leur faire lire ce
qu'en ont dit les Souverains Pontifes, Urbain V. (*a*) dans la Bulle qu'il
donna à Montefalcone en 1370, pour
la Translation des Reliques de ce
grand Saint ; Clement VIII. dans le
Bref *In quo nos Pastoralis*, expédié
en 1603. Jean XXII. dans la Bulle
de sa Canonisation : le bienheureux
Pie V. dans la Bulle *Mirabilis Deus*,
en 1567. Paul V. dans une qu'il écri-
vit aux Napolitains en 1605. Tous

(*a*) *Cum sacrum & venerabile corpus B. Thomæ
de Aquino, &c. cujus Doctrinæ, &c. hic siquidem
honor, &c.*

ces Papes qualifient la Doctrine de
faint Thomas, de célébre partout
le monde, de glorieufe au nom Chrétien, d'avantageufe à l'Eglife. L'illu-
ftre Baronius (*a*) dont le témoignage eft d'un fi grand poids, dit qu'on
ne peut expliquer combien au Concile de Trente la doctrine de ce grand
Docteur reçut de louanges & d'ac-
clamations de la part des Peres &
des Théologiens qui y affiftérent ; &
fi vous en voulez davantage, je vous
renvoye à Jean de faint Thomas &
à Gonet, Théologiens diftingués de
l'Ordre de faint Dominique , qui
vous fourniront une infinité d'appro-
bations autentiques de la doctrine
de faint Thomas.

Après l'avoir ainfi fuppofée , ou
pour mieux dire, folidement établie
contre tous ceux qui la voudroient
contefter ; lifez, je vous prie, avec

(*a*) *Vix quifpiam enarrare* , &c. *in notis ad
Martyr. die 7. Mart.*

attention ce que ce grand Docteur enseigne de la Comédie, dans la Seconde partie de sa Somme (*a*), où il explique bien des choses nécessaires à sçavoir pour le repos de la conscience. Il demande entr'autres (*b*) ce que l'on doit croire des jeux & des divertissemens ? & il se répond lui-même, que quand ils sont modérés, non seulement il n'y croit point de mal, mais encore qu'il y trouve quelque bien, & cette vertu qu'Aristote appelloit *Eutrapélie* ; (c'est une vertu, comme vous sçavez, qui sçait mettre un juste tempérament dans les plaisirs.) La raison qu'il en apporte est, que l'homme fatigué par des actions sérieuses a besoin d'un agréable repos, qu'il ne trouve que dans les jeux : & pour fortifier son sentiment, saint Thomas y joint celui de saint Au-

(*a*) 2. 2. quæst. 168.
(*b*) Artic. 2.

guslin,

guftin, (*a*) dont il rapporte ces propres paroles : *Je veux enfin que vous
vous ménagiez, car il eft de l'homme
fage de relâcher quelquefois fon efprit
trop appliqué à fes affaires.*

» Comment, continuë faint Tho-
» mas, comment fe fait ce relâche-
» ment de l'efprit, fi ce n'eft par des
» paroles ou par des actions diver-
» tiffantes ? Ce n'eft donc point un
» mal ni rien d'indigne de l'hom-
» me fage, de ne fe point refufer
» des plaifirs innocens & honnêtes. «
Ce faint Docteur veut même qu'il
y ait quelque forte d'excès à ne
point prendre de divertiffement ; (*b*)
» parce, dit-il, que tout ce qui eft
» contre la raifon eft vicieux : or il
» eft contre la raifon qu'un homme
» veuille être à charge aux autres ;
» qu'il s'oppofe à leurs innocens

(*a*) *Volo tandem tibi parcas*, &c. Aug. in
lib. 2. de Mufica. *At ifta remiffio animi*, &c. ubi
fuprà,
(*b*) *Quia omne quod eft*, &c. art. 4.

Tome I.   C

» plaisirs ; qu'il ne veuille jamais
» être de rien, ni contribuer par
» ses paroles ou par ses actions à
» leur divertissement commun. C'est
» donc avec beaucoup de raison que
» Sénéque a dit à ce sujet : Com-
» portez-vous dans les compagnies
» avec tant de sagesse & de discré-
» tion, que personne ne vous trou-
» ve incommode, ou ne vous mé-
» prise comme un homme de rien,
» qui ne sçait pas vivre ; car c'est
» un vice d'être fâcheux à tout le
» monde ; & l'on s'attire avec sujet
» le nom de sauvage & de grossier. «

De ces paroles de saint Thomas,
il vous est aisé de juger, Monsieur,
que sous le nom de jeux il com-
prend aussi la Comédie, quand il
dit : Que ce relâchement de l'esprit, qui est une vertu, se fait par
des paroles & par des actions divertissantes. Qu'y a-t-il de plus propre & de plus particulier à la Comédie, qui ne consiste qu'en des

paroles & en des actions risibles &
ingénieuses, qui font plaisir & qui
délassent l'esprit? Je ne pense pas
qu'en tout autre divertissement, on
trouve unies ensemble & les paroles & les actions : mais écoutez
encore un peu ce grand Docteur,
il achevera de vous convaincre par
une objection qu'il se fait à lui-même, & vous verrez comme il y répond. L'objection est assez forte, &
contient presque tout ce qu'on peut
dire contre les Comédies & contre
les autres Spectacles.

» Il semble, dit saint Thomas,
» (*a*) que les Comédiens passent les
» bornes du divertissement réglé,
» eux qui ne destinent & n'em-
» ployent toute leur vie qu'à jouer.
» Si l'excès du divertissement est un
» péché, (comme on n'en peut dou-
» ter) les Comédiens sont en état
» de péché ; ceux qui vont à la Co-
» médie péchent ; & ceux qui leur

(*a*) *Histriones in ludo*, &c. art. 3.

» donnent de l'argent font les fau-
» teurs de leur péché : quoique nous
» lifions dans la Vie des Per…s, qu'il
» fut un jour révélé à S. Paphnuce,
» qu'il n'auroit pas dans l'autre vie
» un plus haut dégré de gloire
» qu'un certain Comédien. «

Si l'objection que fe fait faint Thomas eft folide, fa réponfe ne l'eft pas moins. Vous en allez juger par fes propres paroles, aufquelles je me ferois un fcrupule de rien changer, tant elles font juftes & expreffives : je me contenterois de les pouvoir bien rendre, & de ne vous rien dérober de leur beauté. » Le » divertiffement, (a) répond cet » excellent Docteur, étant donc » néceffaire pour la confolation de » la vie humaine, on peut deftiner » à cette même fin certains emplois » qui foient permis. Ainfi l'emploi » des Comédiens établi pour don- » ner aux hommes une récréation

(a) *Quod ficut dictum eft*, &c. Ibid.

» honnête, n'a rien, selon moi, qui
» mérite d'être défendu, & je ne les
» crois pas en état de péché, pour-
» vu qu'ils n'usent de cette sorte
» de jeu qu'avec modération ; c'est-
» à-dire, qu'ils ne disent ou ne fas-
» sent rien d'illicite ; qu'ils ne mê-
» lent point, comme on dit, le sa-
» cré avec le profane ; & qu'ils ne
» jouent point en un tems défendu.
» Et quoique dans la vie (ce sont
» toujours les paroles de saint Tho-
» mas) ils n'ayent point d'autre em-
» ploi à l'égard des autres hom-
» mes, ils en ont toutefois de fort
» sérieux à leur égard, & par rap-
» port à Dieu, comme quand ils le
» prient, quand ils réglent leurs
» passions, quand ils donnent l'au-
» mône aux pauvres. De là je con-
» clus (poursuit ce grand homme)
» que ceux qui les payent & qui les
» assistent avec modération ne pé-
» chent point ; & qu'ils font même
» une action de justice, puisque c'est

» leur donner la récompense de leur
» travail : mais si quelqu'un diffi-
» poit tout son bien après eux, ou
» bien qu'il entretînt des Comédiens
» qui jouassent d'une maniére scan-
» daleuse, je ne doute point qu'il ne
» péchât, comme s'il les entretenoit
» dans le péché : & c'est dans ce sens
» que se vérifie cette parole du
» grand saint Augustin (*a*) : Que
» donner son bien aux Comédiens,
» c'est moins une vertu qu'un vice. «

Eh bien, Monsieur, jusqu'ici ce
sont les propres paroles de saint
Thomas : peut-on mieux répondre
qu'il le fait à cette grande objection ? Et ne vous est-il pas aisé de
tirer vous - même trois conséquences de toute sa doctrine ? La premiére, que sous le nom général de
jeux & de divertissemens, il entend
aussi la Comédie, & qu'il l'approuve en même tems qu'il trouve de
la vertu dans les premiers. La se-

______
(*a*) Aug. sup. Joan.

conde, qu'il ne faut pas toujours croire en état de péché les Comédiens qui paſſent leur vie ſur le Théâtre, & moins par conſéquent les Auteurs qui leur donnent des Piéces à repréſenter, pourvû que les uns & les autres s'acquittent avec modération & avec prudence, & qu'ils faſſent d'ailleurs des actions ſérieuſes de piété & de religion. La troiſiéme enfin, que non ſeulement il n'y a point de péché à les aſſiſter avec diſcrétion, mais encore que c'eſt une action de juſtice de leur donner, comme on y eſt obligé, la récompenſe de leur emploi & de leur travail. Ainſi vous voyez bien que l'Ange de l'Ecole, & après lui les Théologiens, admettent la Comédie; & que s'ils en condamnent quelque choſe avec les Peres, ce n'en peut être que l'excès.

Pour prouver que ce n'eſt que l'excès qu'il faut condamner dans tous les jeux & tous les plaiſirs, &

que les Saints Peres n'ont point eu d'autre intention en se déchaînant contre la Comédie, saint Thomas explique ce qu'il entend par *excès*, & suppose comme un principe incontestable (a) qu'en tout ce qui peut être réglé selon la raison, l'on doit appeller superflu ce qui passe cette régle, & défectueux ce qui ne l'égale pas. » Or est-il, conti- »nue ce saint Docteur, que les pa- » roles & les actions divertissantes » peuvent être réglées par la rai- »son : il s'y trouve donc de l'excès, » quand elles ne suivent plus cette » régle, & qu'elles sont outrées en » elles-mêmes, ou défectueuses par » les circonstances que l'on y peut »apporter. « C'est sur ce principe que nous devons répondre aux autorités des Peres de l'Eglise, puisque, selon saint Thomas, ils n'invectivent que contre l'excès de la

(a) *Quod in omni eo quod est dirigibile,* art. 3. in corp.

Comédie ; & nous ne ferons rien
en cela qu'à l'exemple de ce saint
Docteur, qui, selon sa coutume,
appliquant à tous les Peres la réponse qu'il donne à un seul, répond de
cette maniére à saint Chrysostome.
Cette bouche d'or de la Gréce avoit
dit que ce n'est pas Dieu qui est l'auteur des jeux, mais le démon ; &
pour donner de la force à ce qu'il
avoit avancé, il avoit apporté ce
passage de l'Ecriture : » Le peuple
» s'assit pour manger & pour boire,
» & il se leva pour jouer. « Mais
saint Thomas veut que ces paroles du grand Chrysostome, s'en-
tendent des jeux excessifs & peu
modérés ; & il ajoute que l'excès
dans le jeu tient d'une folle joye,
appellée par saint Gregoire la fille
de la gourmandise & du péché ; &
que c'est en ce sens qu'il est écrit :
» Que le peuple s'assit pour manger
» & pour boire, & qu'il se leva pour
» jouer. « C'est une réponse que

C v

nous devons donner à tout ce qu'on nous objecte des Saints Peres, avec d'autant plus de raison, qu'à les examiner sans prévention, & à peser toutes leurs paroles, il est aisé de voir que s'ils se sont tant déchaînés contre la Comédie, ç'a été, parce que de leur tems, l'excès en étoit criminel & immodéré ; & que s'ils l'avoient trouvée, comme elle est aujourd'hui, conforme aux bonnes mœurs & à la droite raison, ils ne l'auroient pas tant décriée, & auroient cru, comme saint Thomas, qu'il n'y avoit point de mal à y assister : mais c'étoit quelque chose de si horrible & de si infâme que la Comédie, comme on la jouoit du tems de nos peres, qu'il n'y a personne à l'heure qu'il est, (je parle des gens du monde, & de ceux encore qui sont les moins retenus) qui ne les condamnât, comme ont fait les Peres ; & ce n'est pas une chose étonnante, que ces saints Person-

nages ayent employé toute la force
de leur zéle contre la chose la plus
scandaleuse qui fut dans l'Eglise.
N'est-ce pas contre l'excès de la Comédie, par exemple, que se récrie
Tertullien, lorsqu'il dit : (a) ⟫ N'al-
⟫ lons point au Théâtre, qui est
⟫ une assemblée particuliére d'im-
⟫ pudicité, où l'on n'approuve rien
⟫ que ce que l'on improuve ailleurs;
⟫ de sorte que ce qu'on y trouve de
⟫ plus beau, est pour l'ordinaire ce
⟫ qui est de plus vilain & de plus
⟫ infâme; de ce qu'un Comédien,
⟫ par exemple, y joue avec les ges-
⟫ tes les plus honteux & les plus na-
⟫ turels; de ce que des femmes ou-
⟫ bliant la pudeur de leur sexe,
⟫ osent faire sur un Théâtre, & à
⟫ la vûe de tout le monde, ce qu'el-
⟫ les auroient honte de commettre
⟫ dans leurs maisons, où elles ne
⟫ sont vûes de personne; de ce qu'on

(a) *Hoc igitur modo*, &c. lib. de Spectaculis,
cap. 17.

C vj

» y voit un jeune homme s'y bien
» former, & souffrir en son corps
» toutes sortes d'abominations, dans
» l'espérance qu'à son tour il devien-
» dra maître en cet art détestable.
» On y fait paroître jusqu'à des fil-
» les perdues, victimes infâmes de
» la débauche publique, d'autant
» plus miserables en cela, qu'elles
» sont exposées sur le Théâtre à
» la vûe des femmes qui ignorent
» le libertinage. Elles y font le su-
» jet de l'entretien des jeunes gens :
» l'on y apprend le lieu de leur pro-
» stitution ; l'on y compte le gain
» qu'elles y font, & l'on y fait leur
» éloge devant ceux qui ne de-
» vroient rien sçavoir de toutes ces
» choses. Je ne dis rien, ajoute ce
» Pere, de ce qui doit demeurer
» enséveli dans les ténébres, de peur
» d'être coupable de ces crimes par
» le seul récit que j'en ferois. «

Que seroit-ce donc que nous di-
roit Tertullien, s'il vouloit révéler

tous ces myſtéres d'iniquité qu'il renferme dans un éternel oubli, puiſque ce qu'il nous en dit eſt ſi impie & ſi infâme. Mais les autres Peres ne ſont pas ſi retenus que lui, & ne font point de difficulté de découvrir tout ce qu'ils en ſçavent. Ne croyez pas que j'aye envie de vous les rapporter tous : outre que j'aurois plûtôt fait de vous citer toute la Bibliothéque des Peres, ces matiéres délicates traitées hardiment dans une langue qui ſouffre tout, ne pourroient ſe rendre dans la nôtre, ſans bleſſer les oreilles tant ſoit peu chaſtes ; & je me contenterai de vous laiſſer à connoître ce qu'ils en ont dit de plus fort, par ce que je vous choiſirai dans leurs écrits de plus foible.

Salvien ſe défendoit d'en rien dire, par la peine qu'il auroit eue à en parler. » *(a)* Qui pourroit

____

(a) *Quis enim integro*, &c. lib. 1. de Gub. Dei.

24 LETTRE

» traiter, dit-il, de ces représenta-
» tions honteuses, de ces paroles
» deshonnêtes, de ces mouvemens
» lascifs & impudiques, dont on
» peut reconnoître l'énormité & le
» crime, par la défense que ces cho-
» ses imposent elles-mêmes de les
» rapporter ? «

Lactance n'est pas si réservé : voici
ce qu'il en dit de plus tolérable. (a)
» Ces mouvemens pleins d'impu-
» dence, que l'on voit dans la per-
» sonne des Comédiens, quel au-
» tre effet produisent-ils que d'en-
» seigner le mal à la jeunesse ? Leurs
» corps efféminés, sous la démar-
» che & sous l'habit de femme, re-
» présentent les gestes les plus lascifs
» des plus dissolues. Et plus bas :
» (b) Après la licence des paroles,
» on en vient à celle des actions :
» on dépouille en plein Théâtre, à

____

(a) *Histrionum quoque*, &c. lib. 1. cap. 22.
(b) *Præter verborum*, &c. lib. 1. de Ludis,
p. 20.

» la priére du peuple, des femmes
» debauchées, &c. « Jugez si le
reste que dit ce Pere, peut être
quelque chose de fort beau.

(*a*) Saint Cyprien, qui a composé, *ex professo*, un Livre des Spectacles, décrit bien au long toutes
les infamies qui s'y pratiquoient.
On peut lire aussi quelque chose de
cette abominable coutume de paroître nuds sur le Théâtre, dans
les Œuvres (*b*) de saint Chrysostome, de saint Jérôme, & de saint
Augustin : le premier ne fait point
de difficulté de comparer ceux qui
de son tems alloient à la Comédie,
de les comparer, dis-je, à David,
prenant plaisir à regarder Bethsa-
bée toute nue dans son bain ; & de
dire, que le Théâtre est le rendez-

(*a*) *Sed ut ad Scenas*, &c. Cyprianus, lib. 1.
de Spectaculis.
(*b*) *Delectat in mimis*, &c. Idem Epist. ad
Donatum. Hieron. lib. 1. advers. Jovinian. Aug.
2. de Civit. Dei. cap. 26. Chrys. Hom. 1. in
Psalm. Idem Hom. 6. in. 2. cap. Matthæi.

vous de tous les crimes, que tout y eſt plein d'abomination, & d'effronterie. Un Auteur *(a)* plus moderne nous décrivant les ſpectacles des Anciens, & ſur-tout leurs Bachanales, fait des peintures ſi horribles de leurs infamies & de leurs proſtitutions publiques, que je ne puis me réſoudre à vous les rapporter. Imaginez-vous, Monſieur, ſi ce pouvoit être de belles choſes, puiſque l'infâme Heliogabale en étoit l'Auteur. De peur que vous ne croyiez que les Saints Peres n'ayent exageré, & que la Comédie n'étoit pas autre dans ce tems-là qu'elle eſt aujourd'hui, mais que pour en détourner les Fidéles, les Prédicateurs de l'Evangile & les Auteurs Eccléſiaſtiques la depeignoient avec de ſi affreuſes couleurs ; je veux bien que vous ne vous en rapportiez pas ſeulement à ceux-

(a) *Quæ ſacra*, &c. Alexander ab Alexandro, lib. 6. dierum genit.

ci, mais que vous confultiez les Auteurs profanes ; Valere-Maxime *(a)* ne vous fera peut-être pas fuf-pect ; parlant toutefois de cet ufage déteftable qu'avoient les Romains, d'expofer fur le Théâtre les corps nuds des filles débauchées & ceux des jeunes garçons, rapporte de M. P. Caton, qu'affiftant un jour à ces fpectacles, & apprenant de Favonius, fon favori, que par le refpect qu'on lui portoit, le peuple avoit honte de demander que les Comédiens paruffent nuds fur le Théâtre, ce grand Homme fe retira, pour ne pas empêcher par fa préfence une chofe qui étoit paffée en coutume. Sénéque *(b)* rend le même témoignage à Caton, & le loue de n'avoir pas voulu voir nues ces femmes débauchées ; & je n'ofe vous rapporter les paroles de Lampridius, parce qu'elles font trop li-

(*a*) In Floralibus, lib. 2.
(*b*) Epift. 97.

bres, quand il dit que l'Empereur Héliogabale, qui dans une Piéce repréfentoit Venus, fe fit voir tout nud fur le Théâtre avec une impudence extrême. Mais qu'ai-je affaire de vous rapporter des exemples tirés de l'Hiftoire Profane, à vous qui la fçavez à fond? c'eft à vous que je m'en rapporte moi même. N'eft-il pas vrai, Monfieur, que ce qu'on lit des Spectacles des Anciens, eft quelque chofe d'épouvantable, tant pour le libertinage que pour l'impiété? Car ne vous imaginez pas qu'on n'y dît que des ordures. ,, On y blafphêmoit le ,, Nom de Dieu, dit faint Chry- ,, foftome (a): & lorfque les Co- ,, médiens avoient prononcé quel- ,, que blafphême, c'étoit alors que ,, l'on y rioit de tout fon cœur. ,, C'eft ce qui obligea le troifiéme Concile de Carthage à condamner

(a) *Blafph mabatur præterea*, &c. Hom. 6. ad cap. 2. Matth.

par ce Canon les Comédiens comme blasphêmateurs : » Que les Laï-
» ques (a) même n'assistent point
» aux Spectacles, car il a toujours
» été défendu à tout Chrétien d'al-
» ler où il y des blasphêmateurs. «

Après des choses si criminelles,
qui pourroit ne pas condamner la
Comédie, s'il est vrai qu'elle fût
remplie de tant d'ordures & d'im-
piétés ? Il n'est pas besoin d'être
saint Pere pour se déchaîner là contre, il suffit d'être Chrétien : je dis
trop, il ne faut qu'avoir un peu
d'honneur & de bon sens. » Car,
» comme dit justement saint Cy-
» prien (b), comment un Chré-
» tien, auquel il n'est pas même
» permis de penser aux vices, pour-
» ra-t-il souffrir des représentations
» impures, où après avoir perdu la
» pudeur, on s'enhardit à commet-

(a) A spectacu'o, &c. Can. 2.
(b) Quid inter hæc, &c. Cyprianus, lib. de
Spect.

,, tre les plus grands crimes? ,, Il
n'eſt donc beſoin que des lumiéres
de la raiſon pour condamner de ſi
grands excès. Auſſi liſons nous dans
ſaint Chryſoſtome, ,, Que certains
,, Barbares (*a*) ayant entendu par-
,, ler de ces jeux de Théâtre, & du
,, plaiſir que prenoient les Romains
,, à les voir repréſenter, dirent ces
,, paroles dignes des plus grands
,, Philoſophes : (Il faut que les Ro-
,, mains, quand ils ont inventé ces
,, ſortes de voluptés, ſe ſoient re-
,, gardés comme des perſonnes qui
,, n'avoient ni femmes ni enfans : ,,)
& on loue Alcibiades entr'autres
choſes, d'avoir fait jetter dans la
mer un Comédien trop libre, ap-
pellé Eupolis, pour avoir récité en
ſa préſence des vers infâmes, ajou-
tant à ce châtiment ce beau mot,
qui perdroit de ſa force s'il étoit
rendu en notre langue : *Tu me in*

____

(*a*) *Barbari quidem ipſi*, &c. Hom. 38. ad
cap. 11. Matth.

scena sæpè mersisti, & ego te semel in mari.

Vous voyez bien, Monsieur, que tous ces passages des Peres, & mille que je ne vous rapporte pas contre la Comédie, à force de trop prouver contre elle, ne prouvent rien contre celle d'aujourd'hui. Ce seroit perdre tems que de faire comparaison de l'une à l'autre : Je vous prie seulement de remarquer que bien loin d'affoiblir la doctrine de saint Thomas, tout cela au contraire ne sert qu'à la confirmer ; car ce n'est que contre l'excès de la Comédie que s'arment les Saints Peres ; au lieu que si de leur tems ils l'avoient trouvée dénuée des malheureuses circonstances qui l'accompagnoient, ils auroient eté du sentiment de saint Thomas ; & s'ils ne l'avoient pas approuvée, du moins l'auroient-ils jugée indifférente.

J'ai été bien aife de vous rapporter toutes ces chofes avant que
de vous découvrir précifement mon
fentiment fur ce fujet, & fur les
principes inconteftables que j'ai po-
fés : Je dis que, felon moi, les Comédies de leur nature, & prifes en
elles-mêmes indépendamment de
toute circonftance, bonne ou mauvaife, doivent être mifes au nombre des chofes indifférentes. Vous
ne vous attendez peut-être pas,
Monfieur, en lifant du premier
abord cette propofition, que je vous
la veuille prouver par l'autorité des
Saints Peres : cependant à la bien
examiner, c'eft leur propre fentiment, & celui même de Tertullien
& de faint Cyprien, qui font les
deux qui femblent s'être le plus déchaînés contre la Comédie. Pour
commencer par Tertullien : en même tems qu'il détefte l'horreur &
l'infamie des fpectales, il fe fait

cette objection. ’’ Dieu, dit-il, (a)
’’ a établi toutes choses, & les a
’’ données aux hommes, & par con-
’’ séquent elles sont toutes bonnes,
’’ comme le Cirque, les Lions, les
’’ Voix, &c. ’’ Quelles sont donc
celles dont il n’est pas permis d’u-
ser ? Et ce grand homme répond :
’’ Qu’il est vrai que toutes choses
’’ ont été instituées de Dieu, mais
’’ qu’elles ont été corrompues par
’’ le démon : Que le fer, par exem-
’’ ple, est autant l’ouvrage de Dieu
’’ que les herbes & que les Anges ;
’’ que toutefois Dieu n’a pas fait
’’ ces créatures pour servir à l’ho-
’’ micide, au poison & à la magie,
’’ quoique les hommes les y em-
’’ ployent par leur malice : & que
’’ ce qui rend bien des choses mau-
’’ vaises, qui de soi seroient indif-
’’ férentes, c’est la corruption & non
’’ pas l’institution. ’’ D’où appliquant

(a) *Omnia sunt à Deo*, &c. lib. de Spectac.
cap. 20.

ce raisonnement aux Spectacles &
à la Comédie, il s'ensuit que consi-
derée en elle-même, elle n'est pas
plus mauvaise que les Anges, les
herbes & le fer ; mais que c'est le
démon qui la change, l'altére &
la gâte. Vous voyez que Tertullien a mis les Comédies parmi les
actions indifférentes, & que ce n'est
pas les condamner que d'en reprendre l'excès.

Saint Cyprien *(a)*, en parlant de
David qui dansa devant l'Arche au
son des flûtes, des tambours & des
autres instrumens, avoüe que ce
n'est point un mal de danser & de
chanter ; mais il prétend que cela
n'excuse point les Chrétiens qui assistent à des danses lascives, & à
des chants impurs, qui font reten-
tir les louanges des Idoles. D'où il
vous est facile de juger, que ce saint
Docteur ne condamne pas absolument les Danses, les Chants, les

____
(a) Quod David, &c lib. de Spectac.

Operas

Operas & les Comédies, mais feulement les Spectacles qui repréfentoient les fables en la maniére lafcive des Grecs & des Romains *(a)*, & qui fe célébroient en l'honneur des Idoles. C'eft auffi le fentiment de faint Bonaventure, qui dit formellement : » Que les Spectacles »font bons & permis s'ils font ac- » compagnés des précautions & des »circonftances néceffaires. « Le Bienheureux Albert le Grand, fon Maître, lui avoit appris cette doctrine : & les paroles que je lis à ce fujet dans faint Antonin, Archevêque de Florence, font trop précifes pour ne pas vous les rapporter. » La profeffion de Comédien, dit- » il *(b)*, parce qu'elle fert à la ré- »création de l'homme, qui eft né- »ceffaire pour fa vie, n'eft pas dé-

(*a*) *Dico quod ludus*, &c. in 4. dift. 16. 1. 1. dub. 13.

(*b*) *Hiftrionatus Ars*, &c. in 3. part. fumm. tit. 8. cap. 4. feff. 12.

Tome I.   **D**

» fendue d'elle-même : de la vient
» qu'il n'eſt pas non plus défendu
» de vivre de cet art, &c. « Et dans
un autre endroit. » (a) La Comé-
» die eſt un mélange de paroles &
» d'actions agréables pour ſon di-
» vertiſſement, ou pour celui d'au-
» trui ; ſi l'on n'y mêle rien de deſ-
» honnête, rien d'injurieux à Dieu,
» ou de préjudiciable au prochain,
» ce jeu eſt un effet de la vertu d'Eu-
» trapelie ; car l'eſprit qui eſt fati-
» gué par des ſoins intérieurs , com-
» me le corps l'eſt par les exercices
» du dehors , a autant beſoin de re-
» pos que le corps en a de nourri-
» ture. Ce repos ſe procure par
» ces ſortes de paroles ou d'actions
» divertiſſantes, que l'on appelle
» Jeux. « Se peut-il rien, Monſieur,
de plus fort en faveur de la Comédie ? cependant c'eſt un grand
Saint qui parle ; d'où vient donc

(a) *Scenicus ludus*, &c. 2. part. ſumm. cap.
23. ſeſſ. 1.

qu'il ne se déchaîne pas tant que les plus anciens ? C'est que la Comédie se corrige & se perfectionne tous les jours ; & j'ai remarqué en lisant les Saints Peres, que plus ils s'approchoient de nous, plus ils s'adoucissoient à l'égard de la Comédie ; parce qu'apparemment la Comédie se réformoit, au lieu qu'aux siécles éloignés, ils déclamoient avec plus de ferveur contre les abominations dont elle étoit accompagnée. Ce n'est pas pour cela que les derniers le cédent en science & en sainteté aux premiers, c'est que la Comédie se change : aussi voyons-nous qu'elle n'est pas défendue par le Saint de nos jours, le grand François de Sales, Evêque de Genêve *(a)*, qui peut sans contredit servir de modéle à tous les Directeurs dans la conduite des ames à la véritable dévo-

(a) Introd. ad Vit. Dev.

D ij

tion : & Fontana de Ferrare *(a)*
rapporte dans son Institution, que
l'illustre saint Charles Borromée
permit les Comédies dans son Diocése par une Ordonnance de 1583,
à condition néanmoins qu'avant que
d'être représentées, elles seroient
revûes & approuvées par son Grand-
Vicaire, de peur qu'il ne s'y glis-
sât quelque chose de deshonnête,
& de contraire aux bonnes mœurs.
Ce pieux & sçavant Cardinal ap-
prouva donc les Comédies modes-
tes, & ne condamna que les deshonnêtes & les impies, comme on
le voit par le troisiéme Concile
qu'il tint à Milan en 1572.

Outre cette foule de témoignages qui sont en ma faveur, je puis
encore former une forte preuve ti-
rée des paroles & de la conduite
des Saints Peres en général ; & vous
faire remarquer que ceux qui ont
parlé si fortement contre les Comé-

_(a)_ Instit. fol. 45.

dies, ne l'ont pas fait avec moins
de force contre les jeux de Cartes,
de Dez, &c. Ils ont crié contre
les banquets & contre les festins,
contre le luxe & contre les paru-
res, contre les bâtimens superbes,
contre la magnificence des maisons,
la richesse des ameublemens, la
rareté des peintures, &c. On en
trouve des Homelies tout entié-
res dans saint Chrysostome : on en
voit un détail particulier dans le
Pédagogue de saint Clement d'A-
lexandrie *(a)*; saint Augustin en
parle fort au long dans la plûpart
de ses Ouvrages, & sur tout dans
la Lettre qu'il écrit à Possido-
nius *(b)*: saint Cyprien cité par le
même saint Augustin, saint Gregoire, en un mot, tous les Saints
Peres ont vivement déclamé contre le luxe & contre la richesse des

(a) Pedag. lib. 2. &3.

(b) Ep. 73. ad Possid. Doctr. Christ. l. 4.
c. 23. Hom. 6. in Evang.

habits ; tantôt intimidant les Chrétiens par l'exemple du mauvais Riche , tantôt les menaçant des Ana-
thêmes prononcés par saint Paul,
& tantôt les excitant à suivre l'e-
xemple du grand Jean-Baptiste, qui
par l'austérité de sa vie a mérité
tant de louanges de la bouche même
du Sauveur. On ne se fait pas cependant tant de scrupule sur ce chapitre
que sur celui de la Comédie ; & l'on
ne fait point de difficulté de s'habiller selon sa condition, & de vivre à son aise , pourvû qu'on le
fasse avec modestie & modération :
pourquoi donc n'étendrons - nous
pas cet adouciffement aux Spectacles , & ne dirons-nous pas , que
comme on applique les reproches
des Docteurs de l'Eglise au luxe, à
l'intempérance ; à la diffipation des
biens , & non pas à leur usage in-
nocent & modéré , l'on peut aussi
interpréter leurs paroles des Comédies impies & deshonnêtes , &

non pas de celles où l'on ne trouve rien que de conforme aux régles
de la ſageſſe & de l'honnêteté ?

▹ Pour preuve que l'Ecriture
▹ Sainte ne condamne point les
▹ Jeux, les Danſes & les Spectacles,
▹ pris en eux-mêmes & dépouillés
▹ des circonſtances fâcheuſes qui les
▹ peuvent faire condamner, (ce ſont
▹ les propres paroles du Bienheu-
▹ reux Albert le Grand) ne liſons-
▹ nous pas dans l'Exode (*a*) que
▹ Marie, ſœur d'Aaron, danſa au
▹ ſon des tambours, & qu'elle mé-
▹ rita même par cette action ? Le
▹ Roy Prophete ne dit-il pas (*b*),
▹ que Benjamin étoit au milieu des
▹ jeunes filles qui jouoient du tam-
▹ bour ? Dieu ne promet-il pas aux
▹ Juifs par la bouche de Jérémie
▹ (*c*), qu'après leur retour de la
▹ Chaldée, ils danſeront & joue-

(*a*) *Sumpſit ergo*, &c. in 4. diſt. 16. art. 43.
(*b*) Pſal. 67.
(*c*) Jerem. 31.

D iiij

» ront des tambours ? Les danses &
» les plaisirs , conclut Albert le
» Grand , ne sont donc mauvais
» que par les circonstances crimi-
» nelles qu’on y ajoûte : & je n’o-
» bligerois pas un pénitent à s’en
» abstenir , puisque Dieu non seu-
» lement les permet , mais les pro-
» met lui-même. « En effet, ôtez
l’excès qui se peut glisser dans la Comédie , je ne sçai ce qu’il peut y
avoir de mauvais. Car c’est un ta-
bleau où sont représentées des his-
toires ou des fables pour divertir,
& plus souvent pour instruire les
hommes en les divertissant & en les
délassant de leurs occupations sérieuses. C’est un caractére que vous
sçavez mieux attraper que personne ; & l’on ne peut nier que l’incomparable Esope , que vous m’a-
vez fait l’honneur de m’envoyer ,
ne soit d’une grande instruction
pour la morale , & ne fasse , si je
l’ose dire , beaucoup plus d’impres-

sion que n'en feroit les leçons les plus sérieuses. Je dois lui rendre cette justice, (qu'il n'y a que des gens peu sçavans ou passionnés qui lui puissent refuser,) qu'il est fait selon toutes les loix & la premiére institution de la véritable Comédie, qui ne fut inventée des Grecs, qu'elle reconnoît pour ses Auteurs (a), que pour reprendre librement les vices des plus grands Seigneurs, & pour les en corriger. Je sçai bien que comme elle etoit un peu trop hardie, les Athéniens eurent raison de lui ôter cette liberté, & de l'empêcher de s'attaquer immédiatement à personne; mais on lui permit de s'attacher généralement à reprendre les mœurs : & ce n'a été que par un abus, dont les choses même les plus saintes ne sont pas exemptes, que depuis, au lieu de les réformer, elle a pû contribuer à les corrompre. Je ne trouve donc

(a) Scaliger de Poëtica.

D v

rien que de fort bon dans le premier deſſein de la Comédie, où l'on
doit peindre le vice avec les plus
noires, mais les plus vives couleurs,
pour le faire craindre : où l'on doit
mettre la vertu dans le plus beau
jour, & l'élever par les plus grands
éloges pour la faire pratiquer. Qu'y
a-t-il là-dedans que de conforme au
ſentiment de tous les fidéles, & à
l'uſage de tous les pays, & de Rome même, où le Souverain Pontife
aſſiſte quelquefois en perſonne à des
Comédies qui ſe repréſentent chez
les Religieux les plus réguliers &
les plus auſtéres, ou dans des Colléges pour exercer la jeuneſſe, & la
délaſſer en même temps, après une
année de fatigues dans l'étude ſérieuſe des belles Lettres ?

Juſqu'ici je ne vois rien de mauvais dans l'inſtitution de la Comédie. Ah : diſent ſes ennemis, elle
n'eſt que trop mauvaiſe, puiſqu'elle eſt défendue. Juſqu'à préſent, je

l'avoue, je croyois qu'on défendît les choſes parce qu'elles étoient mauvaiſes, & non pas qu'elles fuſſent mauvaiſes parce qu'elles étoient défendues. Mais il eſt bon de détruire entierement cette raiſon ; & pour en venir aiſément à bout, voyons les autorités de l'Ecriture Sainte, qui ſemblent défendre la Comédie & les ſemblables ſpectacles ; & tâchons de les expliquer, non pas à notre fantaiſie, mais par les paroles des plus grands Docteurs. Albert le Grand, qui a recueilli tous ces paſſages, les expliquera lui même. Le premier eſt de ſaint Paul, qui ſemble avoir rapporté tous ces jeux à l'impudicité ; car l'Apôtre exhortant les hommes à fuïr ce péché, dit ces paroles : (a) ,, Comme quelques-,, uns d'eux ſont tombés dans l'im-,, pureté, deſquels il eſt écrit : Le ,, peuple s'aſſit pour manger & pour ,, boire, & ils ſe levérent pour jouer.,,

(a) *Sicut quidam*, &c. 1. Corint. cap. 10.

Le second est de l'exode (*a*), où l'on voit que les danses furent premiérement inventées devant les Idoles ; & l'on prouve par là qu'elles ont été instituées par l'idolâtrie, pour exciter les hommes à l'impudicité. Le troisiéme est d'Isaïe, qui de la part de Dieu fait de grandes menaces contre ces sortes de jeux. » (*b*) Parce que, dit-il, les fil-
» les de Sion se sont élevées, & qu'el-
» les ont marché avec mesure & ca-
» dence, &c. le Seigneur rendra
» chauve la tête des filles de Sion,
» &c. « Et l'on prétend enfin que saint Paul a renfermé les Spectacles dans ces célébres paroles : (*c*)
» Abstenez - vous de la moindre
» chose qui ait l'apparence du mal.« Mais Albert le Grand répond à tous ces passages, » que les danses, &c. qui de soi ne sont pas

___

(*a*) Exod. 32.
(*b*) *Pro eo quod*, &c. Isaï. 3.
(*c*) *Abstinete vos*, &c. 1. Thess. c. 5.

„ mauvaifes, pouvoient le devenir
„ par les malheureufes circonftan-
„ ces dont faint Paul entend parler :
„ Qu'il eft faux qu'on ne danfât tou-
„ jours que devant les Idoles, &
„ qu'on le faifoit en d'autres occa-
„ fions : témoin Marie, fœur d'Aa-
„ ron & de Moyfe, dont nous ve-
„ nons de parler : Que Dieu par la
„ bouche de fon Prophéte, ne re-
„ prend que les geftes infâmes dont
„ les danfes des Juifs étoient ac-
„ compagnées : & que faint Paul
„ enfin défend jufqu'à l'apparence
„ du vrai mal, & non de ce qui ne
„ le devient que par accident, &
„ par de mauvaifes circonftances. «
Ces autorités de l'Ecriture, dont
on fait tant de bruit, ne prouvent
donc rien, felon Albert le Grand,
contre les Spectacles.

Mais, me direz-vous, fi les Comédies font bonnes en elles-mêmes,
pourquoi ceux qui la jouent font-
ils notés d'infamie par le Digefte

de Juſtinien (*a*)? Si ce n'étoit pas un crime de jouer la Comédie, on n'auroit pas traité les Comédiens d'infâmes. Mais ſouffrez que je vous demande à mon tour, s'il y a pé-ché à un Soldat qui craint les coups, de s'enfuïr du combat, ou bien ſi une jeune Veuve qui ne s'accom-moderoit pas du célibat, feroit un péché mortel de paſſer en de ſecon-des nôces avant l'année de ſon veu-vage? Cependant le même Digeſte de Juſtinien (*b*) met l'un & l'autre au nombre des perſonnes infâmes, & mille autres gens dont les actions ne ſont point criminelles. C'eſt donc une aſſez foible conſéquence que de prouver la méchanceté d'une ac-tion, parce qu'elle eſt notée d'infa-mie. S'il étoit vrai que les Comé-diens fuſſent infâmes pour monter ſur le Théâtre, & pour jouer la Comédie, je voudrois ſçavoir en

___

(*a*) ff. tit. de his qui notantur infamiâ.
(*b*) Lege, *qui ait Prætor.* Lege, *Genero.*

vertu de quoi les jeunes gens dans les Colléges, les perfonnes les plus fages, & quelquefois les plus qualifiées, les Princes mêmes & les Rois, les Prêtres & les Religieux, qui tous pour fe divertir, & fans fcandale, repréfentent des perfonnages dans des Comédies, ne font point infâmes, & que les Comédiens le font, eux qui ne font pas autre chofe? Qu'on ne me dife point que c'eft parce que les derniers jouent par intérêt, & pour en retirer du profit, au lieu que tous les autres ne le font que pour leur divertiffement; car cette raifon fait pitié. S'il eft vrai que l'action foit mauvaife en foi, qu'importe qu'elle fe faffe avec gain ou fans profit? elle fera toujours mauvaife: une circonftance de plus ou de moins, ne fçauroit rendre bonne une action effentiellement méchante: & de même qu'un parjure, ou un calomniateur, notés d'infamie par la Loi que vous

me citez, seront toujours infâmes,
de quelque circonstance que vous
les accompagniez, aussi la Comédie ne peut être représentée, dans
quelque occasion, ou pour quelque
motif que ce soit, sans encourir la
tache d'infamie, qui, selon vous,
y est attachée. D'ailleurs, pour entendre ce que veulent dire les Loix,
il faut s'en rapporter aux Docteurs
qui les ont expliquées. Voici ce
que le fameux Balde (*a*) dit sur
celle dont il s'agit : ,, Les Comé-
,, diens qui jouent d'une maniére
,, honnête, ou pour se divertir, ou
,, pour délasser les autres, & qui ne
,, font rien contre les bonnes mœurs,
,, ne sont point réputés infâmes. ,,
Vous voyez donc bien, Monsieur,
que selon ce Commentateur, l'infamie ne tombe que sur les Comédiens qui jouent d'infâmes Comé-

____

(*a*) *Joculatores*, &c. Lege 11. §. ait Prætor,
ff. de his qui notantur infamiâ.

dies, & non pas fur ceux qui n'en repréfentent que d'honnêtes.

Comme le temps qui change, fait tout changer avec lui, les gens équitables doivent regarder les chofes dans les temps où elles font. Il ne faudroit pas remonter bien haut, pour voir que la plus infâme de toutes les conditions étoit celle des Cabaretiers : Ils n'étoient reçûs ni en témoignage, ni même à intenter aucune action pour le payement de ce qui leur étoit dû ; tant on craignoit de falir les Tribunaux, en y parlant d'une profeffion fi honteufe : cependant ils ont aujourd'hui la qualité de Marchands de Vin, & travaillent à fe faire incorporer parmi les Marchands, que par diftinction on appelle *Honorables Hommes*, & dont on fait les Confuls & les Echevins, qui font les premiers grades de la Bourgeoifie. Les Médecins mêmes, dont les enfans rempliffent des places fi confidérables dans l'Eglise, dans l'Epée & dans la Robe, n'ont-ils pas été chassés de Rome comme infâmes? & dans l'élevation où ils sont, reste-t-il le moindre vestige de leur infamie? Pourquoi donc y en aura-t il dans une profession toute pleine d'esprit, & qui est aujourd'hui, par les soins que tant d'habiles gens se sont donnés, moins l'école du Vice que celle de la Vertu? La grande raison, & pour ainsi dire, l'unique qui a fait autrefois déclarer les Comédiens infâmes, étoit l'infamie qui régnoit dans les Comédies qu'ils représentoient, & celle qu'ils y ajoûtoient eux-mêmes par la maniére honteuse dont ils accompagnoient ces coupables représentations: maintenant que cette raison est anéantie, il est indubitable que ces conséquences ne subsistent plus; & s'il y en a quelques-unes à tirer, c'est, Monsieur, que la Comédie étant devenue toute honnête, ceux qui

la repréſentent, & qui vivent honnêtement d'ailleurs, doivent ſans
difficulté être au nombre des honnêtes gens. Ils y ſont ſi bien, que
la Comédie ne fait point dégéne-
rer la Nobleſſe. Floridor, dont j'ai
oüi parler comme du plus grand
Comédien que la France ait eu,
étant né Gentilhomme, n'en fut
point jugé indigne par la profeſſion
dont il étoit : & dans la recherche
que l'on fit de la fauſſe Nobleſſe,
il fut reçu par le Roy & par ſon
Conſeil à faire preuve de la vérité
de la ſienne, qui par droit hérédi-
taire a paſſé à ſa poſtérité. L'Academie de Muſique, qu'il a plû à
Sa Majeſté d'établir pour diverſifier
les plaiſirs de ſes Sujets, n'a t-elle
pas le privilége de conſerver la
qualité de Nobles à ceux qui ont l'a-
vantage de l'être. Y a-t-il des pré-
rogatives pour les uns qui ne ſoient
pas pour les autres ; & ſi l'on met
de la différence entr'eux, tous les

siécles n'ont-ils pas décidé qu'elle doit être en faveur de la Comédie, puisque du consentement de toutes les Nations, la Poësie est la sœur aînée de la Musique? C'est donc une erreur de croire les Comédiens moins honnêtes gens que d'autres, supposé leur conduite aussi exempte de blâme que leur profession.

Des Docteurs, dites-vous, ou du moins qui se piquent de l'être, vous ont montré des Rituels, qui défendent aux Confesseurs d'administrer les Sacremens aux Comédiens; ce qu'ils confirment par plusieurs Conciles. Je répons à cela, qu'il est constant que ces Rituels & les Canons de ces Conciles n'en veulent qu'aux Comédiens qui jouent des Piéces scandaleuses, ou qui ne les représentent pas assez honnêtement. Mais vous me ferez plaisir de prier ceux qui vous apportent ces sortes d'argumens, de

vous dire la différence qu'ils mettent entre les autres Jeux & les Comédies ; car pour les Rituels, les
Canons, les Conciles, &c. ils n'y en
mettent aucune, défendant égale-
ment toute forte d'autres Jeux. Je
ne finirois point si je voulois vous
rapporter tout ce qu'ils en disent.
J'aime mieux vous renvoyer aux
Livres qui en parlent, & vous en
citer les endroits. Le Concile des
Apôtres (*a*), par exemple, excom-
munie les Fidéles, & suspend les
Ecclésiastiques qui joueront aux
Jeux de hazard. Celui d'Eliberis (*b*),
celui de Constantinople ne se ré-
crient pas moins contre tous les
Jeux que contre la Comédie : &
j'ai remarqué dans le second Tome
des Conciles, que dans celui de
Poitiers, une Abbesse fut accusée

(*a*) *Episcopus art Presbyter*, &c. Can. 42.
apud Grat. D. 35. cap. Episcopus.

(*b*) *Si quis Fidelis*, &c. Conc. Eliberi. Can.
79. Trullan. Syn. Can. 50.

par ſes propres Religieuſes d'avoir
joué aux Dez dans ſon Monaſtére.
Les Loix des Empereurs (*a*) y ſont
formelles ; & l'on en trouve non
ſeulement contre les Clercs qui
jouent, mais encore contre ceux
qui les regardent jouer, ou qui s'in-
téreſſent dans leur jeu. Saint Clement d'Alexandrie donnant des
régles pour les mœurs (*b*), en ban-
nit entiérement les Jeux de hazard :
Saint Cyprien (*c*) ne peut ſouffrir
que la même main qui a l'honneur
de ſervir aux ſacrés Myſtéres, ſe
proſtitue juſqu'à toucher des Cartes
& des Dez : & l'on n'a qu'à feüilleter
les Saints Peres & les autres Eccléſiaſtiques, il n'y a guéres de pa-
ges où l'on ne trouve quelque choſe contre les Jeux. Cependant vos
Docteurs qui font ſonner ſi haut

(*a*) Juſtin. Novell. Cod. de Epiſc. & Clerc.
l. 17.

(*b*) In Pedagogo.
(*c*) Lib. 3. cap. 11.

les Peres & les Conciles, n'en fui-
vent pas si scrupuleusement les décisions contre les Jeux. Nous voyons
que presque tout ce qu'il y a d'Abbés, de Prêtres, d'Evêques & d'Ecclésiastiques, ne font point de difficulté de jouer, & qu'ils préten-
dent que toutes ces censures des
Peres de l'Eglise se doivent entendre de l'excès du jeu, & non pas
de celui qui est modéré, sans attache, & seulement pour passer un
peu de temps. Pourquoi donc ne
pas dire la même chose de la Comédie, & refuser de justes adou-
cissemens en sa faveur, puisqu'on
en trouve si facilement à l'égard des
autres jeux ? D'ailleurs, quand on
demande aux Evêques & aux Pre-
lats ce qu'ils pensent de la Comédie, ils protestent la plûpart, que
quand elle est honnête, & qu'il n'y
a rien dedans qui blesse les mœurs
& le Christianisme, ils ne préten-
dent point la censurer : & quand ils

ne le diroient pas même, on peut
le conjecturer de leur conduite,
puisque dans les Diocéses où l'on
se sert de ces Rituels rigoureux
dont nous avons parlé, on ne laisse
pas d'y jouer la Comédie, qui y est
soufferte, & peut-être approuvée.
Si elle étoit mauvaise, pourroit-on
la tolérer? L'illustre & sage Prélat
qui gouverne avec tant de succès
votre Diocése, & qui ne laisse rien
échapper à ses soins & à son zéle,
n'employeroit-il pas toute son autorité pour ôter cette pierre de scandale du milieu de son troupeau, s'il
étoit vrai que la Comédie fût scandaleuse? De la maniére qu'on la
joue à Paris, il n'y paroît rien de
criminel : Il est vrai que je n'en
puis porter un jugement bien dé-
cisif, puisque je n'y vais point, ni
dans aucune autre assemblée de
grand monde : mais il y a trois
moyens de sçavoir ce qui s'y passe.
Le premier est de s'en informer à
des

des personnes de poids & de probité, lesquelles, malgré l'horreur
qu'elles ont du péché, ne laissent
pas d'assister à ces sortes de Spectacles. Le second moyen est encore plus sûr, c'est de juger par les
confessions des Fidéles, du mauvais
effet que produisent les Comédies
dans leur cœur; car il n'est point de
plus grande accusation, que celle
qui vient de la bouche même du
coupable. Le troisiéme enfin, est
la lecture des Comédies, qui ne
m'est pas interdite dans ma retrai-
te comme en pourroit être la représentation; & par aucun de ces
chefs, je n'ai trouvé dans la Comédie aucune trace des excès que
les Saints Peres y condamnoient
avec tant de raison. Mille gens
d'une éminente vertu, & d'une
conscience fort délicate, ont été
obligés d'avouer qu'à l'heure qu'il
est, la Comédie est si épurée sur
le Théâtre François, qu'il n'y a

rien que l'oreille la plus chaste ne
pût entendre. Tous les jours à la
Cour les Evêques, les Cardinaux
& les Nonces du Pape (a) ne font
point de difficulté d'y affister; & il n'y
auroit pas moins d'impudence que
de folie, de conclure que tous ces
grands Prélats font des impies &
des libertins, puisqu'ils autorifent
le crime par leur préfence. C'eft
bien plûtôt une marque que la Comédie eft fi réguliére, qu'il ne peut
y avoir de honte ni de fcrupule à
s'y trouver. J'ai fait encore quelquefois une réflexion qui me paroît affez judicieufe, en jettant les
yeux fur les Affiches qu'on lit au
coin des rues, où l'on invite toutes fortes de perfonnes à venir à la
Comédie & aux autres Spectacles
qui fe jouent avec Privilége du
Roy, & par des Troupes entrete-
nues par Sa Majefté. Quoi! difois-
je en moi-même, fi l'on invitoit les

(a) Du temps qu'on jouoit à la Cour la Comédie devant le Roy Louis XIV.

gens à quelque mauvaise action,
à se trouver en des lieux infâmes,
ou bien à manger de la viande les
jours qui nous sont défendus, &c.
il est constant que les Magistrats,
bien-loin de permettre la publica-
tion de ces sortes d'Affiches, en pu-
niroient sévérement les auteurs qui
abuseroient de l'autorité d'un Roy
très - Chrétien & très - Religieux,
pour inviter les Fidéles à commettre des crimes si énormes. Il faut
donc, concluois-je aisément, que
la Comédie ne soit pas si mauvaise,
puisque les Magistrats ne la défendent point, que les Prélats ne s'y
opposent en aucune maniére, &
qu'elle se joue avec le Privilége d'un
Prince qui gouverne ses Sujets avec
tant de sagesse & de pieté ; qui n'a
pas dédaigné d'y assister lui-même, & qui n'auroit pas voulu au-
toriser par sa présence un crime dont
il seroit plus coupable que les autres ; puisque, selon saint Chrysos-

tome (*a*)., celui-là ne péche pas tant qui fait le mal, que celui qui lui commande de le faire, ou qui l'autorise par ses applaudissemens. C'est une marque assûrément que ni l'Eglise, ni la Cour n'ont rien reconnu dans les Comédies, telles qu'on les représente aujourd'hui, qui puisse empêcher en conscience les Chrétiens d'y assister.

A l'égard des confessions, on ne découvre rien par leur moyen de cette grande malignité qu'on attribue à la Comédie. Tous ceux à qui l'on demande quel mauvais effet elle a pû faire sur leur esprit & sur leur cœur, répondent absolument qu'elle n'y en a fait aucun; & qu'ils ne vont aux Spectacles que pour y passer deux heures, employées à un plaisir plein d'esprit & d'agrément. D'ailleurs, si la Comédie étoit la source de tant de crimes, il s'ensuivroit qu'il n'y au-

(*a*) Hom. 6. in cap. 2. Matth.

roit que les riches, & ceux qui ont le moyen d'y aller, qui fuſſent les plus grands pécheurs; & l'on voit par expérience que cela eſt bien égal, & que les pauvres, qui ne ſçavent pas ce que c'eſt que la Comédie, ne tombent pas moins dans des crimes de colére, de vengeance, d'impureté & d'ambition. J'aime donc mieux conclure avec plus de vrai-ſemblance, que ces péchés ſont des effets de la malice ou de la foibleſſe humaine, qui de toutes ſortes d'objets indifféremment prennent occaſion de pécher.

Quant à la lecture des Piéces que l'on imprime après qu'on les a jouées, il ne m'en eſt point tombé ſous les mains où j'aye trouvé rien d'indécent, ni qui pût bleſſer le Chriſtianiſme ou la pureté des mœurs. Le plus grand mal qu'on y puiſſe trouver, c'eſt que la plûpart des Sujets ſont tirés de la Fable;

& encore quel mal eſt - ce là?
„Ce ſont des Fables, dont on peut
„tirer des moralités fort inſtructi-
„ves, & capables d'inſpirer aux
„hommes de l'amour pour la vertu,
„& de l'horreur pour le vice.« Ce
ſont les propres paroles d'un grand
homme, (*a*) qui ſoûtient „qu'il
„eſt permis de tirer des vérités du
„ſein des Fables Payennes, & que
„ce n'eſt au plus, que recevoir des
„armes de ſes propres ennemis.«
Vous voyez par-là qu'aucun des
moyens que j'ai pû employer pour
découvrir ce qu'il pouvoit y avoir
de mauvais dans les Comédies,
n'a ſervi qu'à me faire connoître,
que de la maniére qu'on les joue
à Paris, elles ſont ſages, retenues,
ou du moins très-tolérables.

Salvien dans ſon temps reprochoit
aux Chrétiens (*b*), qu'on ne pou-

____

(*a*) *Nam de fabularum*, &c. Petr. Blœſenſis
Epiſc.

(*b*) *Talia ſunt quæ*, &c. lib. 6. de Provident.

voit fe fouvenir de ce qui fe difoit
aux Comédies, que l'on ne tombât
dans quelque péché d'impureté.
Apparemment que ce faint homme n'en parloit pas par expérience, & qu'il n'alloit pas aux Spectacles qu'il condamnoit. Il faut donc
qu'il fe fût fervi d'un des trois
moyens dont nous venons de parler,
& qu'il eût reconnu que ces fortes
de Comédies faifoient une fi grande
impreffion fur ceux-mêmes qui les
lifoient, qu'elles caufoient toujours
en eux quelque défordre. Or eft-
il qu'en lifant les Comédies d'aujourd'hui, nous ne nous fentons
excités à rien de contraire à la pudeur ; qu'elles ne font propres qu'à
faire rire, & incapables de laiffer
dans l'efprit de ces idées fâcheufes
dont Salvien ne pouvoit fe débar-
raffer : Il faut donc conclure que
la Comédie ne contient rien qu'on
ne puiffe réciter, ou lire, fans s'expofer à tomber dans aucun péché.

E iiij

Mais permettez moi, Monſieur, de paſſer les bornes d'une ſimple lettre, & pour ne rien laiſſer d'irréſolu dans la Queſtion dont il s'agit, d'examiner les précautions avec leſquelles les Docteurs permettent que l'on aille à la Comédie. Saint Thomas (*a*), ſaint Bonaventure, ſaint Antonin, & avant eux tous, Albert le Grand, avoit dit que dans les jeux il faut prendre garde à trois choſes : La premiére & la principale eſt, que l'on ne cherche pas le plaiſir dans les paroles, ou dans les actions deshonnêtes, comme on faiſoit du temps des Anciens : Coutume malheureuſe que Cicéron déploroit par ces paroles : (*b*) » Il y a une maniére de » ſe jouer baſſe, inſolente, crimi-» nelle & honteuſe. « La ſeconde choſe à laquelle il faut prendre gar-

(*a*) *Ubi ſup. artic.* 2. *in corpore.*
(b) *Unum genus jocandi eſt illiberale, petulans, flagitioſum, obſcœnum.*

de, dit le Docteur Angelique, est, qu'en voulant donner quelque relâche à l'esprit, on ne perde entiérement la gravité de l'ame ; ce qui faisoit dire à saint Ambroise : (a) » Prenons garde qu'en vou-
» lant un peu relâcher notre esprit,
» nous ne perdions l'harmonie de
» notre ame, où les vertus forment
» un agréable concert. « Et la troisiéme condition que l'on demande dans nos jeux, aussi-bien que dans toutes les actions de la vie, est qu'ils conviennent à la personne, au temps, au lieu ; & qu'ils soient réglés par toutes les autres circonstances qui les peuvent rendre honnêtes. Il m'est fort aisé de vous faire voir qu'aucune de ces conditions ne manque à la Comédie, telle qu'elle est aujourd'hui ; après quoi

______

(a) *Caveamus ne dum relaxare animum volumus, solvamus omnem harmoniam quasi concentum quemdam bonorum operum.*

E v

vous devez conclure qu'elle eſt entiérement permiſe.

Après tout ce que je viens d'avoir
l'honneur de vous dire de l'approbation qu'on donne aux Comédies, vous ne pouvez pas douter
qu'elles ne ſoient châtiées, & exemptes de toute action ou parole deshonnête. Vous m'avez dit vingt fois
vous-même, que les Comédiens
étoient fort circonſpects ſur cette
matiére; & qu'ils ne vouloient pas
ſouffrir, quand ils acceptoient une
Piéce, qu'il y eût rien d'indécent
ou de libre, pas même une équi-
voque, ni la moindre parole ſous
laquelle on pût cacher du poiſon:
comme de fait on n'en trouve point
dans les Comédies qu'on imprime,
ce qui prouve de ſoi que cette premiére condition ſe garde exacte-
ment dans nos Comédies, où l'on
ne ſe ſert point de ces paroles deſ-
honnêtes ou impies, que l'Apôtre

faint Paul, & après lui faint (*a*) Chryfoftome, nous ordonne de fuïr, lorfqu'il nous exhorte ” à ne dire ” ni à n'écouter avec plaifir ces for- ” tes de paroles folles & impuden- ” tes, qui bien-loin de nous devoir ” exciter à rire, ont de quoi nous ” obliger à pleurer. «

Il y a des Loix terribles dans ce Royaume contre les Blafphêma-teurs : on leur perce la langue ; on les condamne même au feu : en-tretiendroit-on les Comédiens, & leur donneroit-on des Priviléges s'ils étoient blafphêmateurs, liber-tins, ou impies ?

Nous avouons, me direz-vous, qu'ils n'ofent ouvertement y rien proférer d'impie, ni faire fur la Scéne les infamies qui s'y commet-toient autrefois: mais il refte tou-jours quelque chofe de cette pre-miére corruption déguifée fous de

(*a*) *Quæ nos fugere*, &c. Hom. 6. in cap. 2. Mat.

plus beaux noms. Joue-t-on aujour-
d'hui une Piéce, où il n'y ait quelque intrigue d'amour ? où les paffions ne foient dans tout leur éclat?
& où l'on ne parle d'ambition,
de jaloufie, de vengeance & de
haine? Ecole dangereufe pour la jeu-
neffe, qui s'accoutume avec autant
de plaifir à laiffer croître dans fon
cœur de véritables paffions, qu'à
en voir repréfenter de feintes fur
le Théâtre : Le premier devoir d'un
Chrétien, ou plûtôt, tout Chrétien lui-même doit s'appliquer à
réprimer fes paffions, & non pas
s'expofer à les faire naître : & par
une fuite néceffaire, il n'eft rien de
plus pernicieux que ce qui eft capable de les exciter.

Tout cela eft vrai & magnifique
dans la bouche d'un Orateur, qui
ne peut trop infpirer d'éloignement
pour le vice, ni trop en faire re-
douter jufqu'a la moindre occafion.
Mais dans l'exacte précifion, quelle

différence n'y a-t-il point d'une action & d'une parole qui peuvent par
hazard exciter les paſſions, d'avec
celles qui les excitent en effet ?

Les derniéres ſont abſolument
défendues & criminelles ; & quoiqu'il puiſſe arriver que quelqu'un
n'en ſoit point émû, on eſt obligé cependant (malgré ce que diſent certains Théologiens) de les éviter ſous
peine de péché mortel ; parce que
ce n'eſt que par accident qu'elles ne
produiſent point leur effet, leur
nature étant toujours d'avoir des
ſuites très-pernicieuſes. Mais pour
les premiéres, pour ces actions &
ces paroles qui peuvent par hazard
exciter les paſſions, il n'y auroit
rien de plus outré que de les condamner. Et comment le pourroit-
on faire, à moins que de fuïr dans
les déſerts pour les éviter ? On ne
peut faire un pas, lire un livre, en-
trer dans une Egliſe, enfin vivre
dans le monde, ſans rencontrer

mille choſes capables d'exciter les paſſions. Faut-il que parce qu'une femme eſt belle, elle n'aille jamais à l'Egliſe, de peur d'y exciter la paſſion d'un libertin? Que les Grands de la Cour & les Magiſtrats quittent un éclat qui leur eſt de bienféance, & peut-être de néceſſité, de peur de faire naître de l'ambition, ou du déſir pour les richeſſes? Qu'on ne porte jamais d'épée, de peur qu'il ne ſe commette un homicide : Cela ſeroit ridicule : & bien que par malheur il arrive un ſcandale, & qu'on en prenne occaſion de pécher, c'eſt un ſcandale paſſif, & non pas un ſcandale actif, (pardonnez-moi ces termes de l'Ecole): c'eſt une occaſion priſe, & non pas une action donnée, qui eſt la ſeule qu'on ordonne d'éviter ; car pour l'autre, il eſt impoſſible de s'y oppoſer, & quelquefois même de la prévoir. Telles ſont les paroles de paſſions dont on ſe ſert

dans la Comédie : leur nature n'é-
tant pas de les exciter , malheur
à celui qui s'en fert pour un fi mauvais ufage.

Toutes les Hiftoires (fans ex-
cepter même l'Hiftoire Sainte) ne fe
fervent-elles pas de paroles qui ex-
priment les paffions , & qui rappor-
tent des actions éclatantes dont elles ont été la caufe ? Sera-ce un
crime de lire l'Hiftoire, parce qu'on
y peut trouver une occafion de tomber ? En aucune maniére , à moins
que ce ne fût une Hiftoire fcan-
daleufe , impie , libertine , qui im-
manquablement remuë les paffions,
& pour lors ce n'eft plus une *occafion prife* , elle eft *donnée* ; de même
que je n'aurois pas permis , avec
les Saints Peres , d'affifter aux Comédies de leur temps , parce qu'elles étoient fr fcandaleufes qu'elles
produifoient toujours de mauvais
effets , & qu'on ne pouvoit même
s'en fouvenir fans reffentir quelque
défordre. Ce n'eft pas de ce dernier

caractére que je suppose nos Comédies ; car bien que l'on y parle
d'amour, de haine, d'ambition, de
vengeance, &c. on ne le fait pas
pour exciter dans les Spectateurs
ces sortes de passions, & on ne les
accompagne pas de circonstances
assez scandaleuses, pour produire in-
failliblement de mauvais effets dans
leur cœur. Mille gens y assistent
sans éprouver la moindre émotion
dans leur ame, & sans qu'elles faf-
fent plus d'impression sur eux, que
n'en fait un Vaisseau en fendant les
eaux. J'avoue qu'il se peut trouver
des personnes qui sont touchées de
semblables choses. Eh bien, qu'elles s'en éloignent, & se gardent
bien d'y retourner ! Après une telle
épreuve, ce seroit non seulement
un péril, mais un crime de s'y exposer. C'est précisément pour elles
qu'il n'est nullement permis de se
trouver à aucun spectacle. " Mais
" faut-il (disoit le sage Licurgue)

» arracher toutes les vignes, parce
» qu'il se trouve des hommes qui
» boivent trop de leur vin ? « Faut-
il aussi faire cesser la Comédie, qui
sert aux hommes d'un honnête divertissement, parce qu'il se trouve
quelqu'un qui ne peut pas la voir,
sans ressentir en soi les passions qu'on
y représente ?

Mais, continuera-t-on de me dire, Qu'importe que les Comédiens
ne nuisent que par accident, n'est-
ce pas toujours nuire ? On défend
bien de lire la Bible en langue vul-
gaire, de peur que toute sainte qu'elle est, elle ne soit une occasion de
scandale à quelques particuliers : à
plus forte raison devroit-on inter-
dire la Comédie, puisqu'elle cause
des effets si dangereux sur quelques-
uns, quand même ce ne seroit que
par accident.

S'il étoit vrai qu'on dût défendre toutes les choses qui pourroient
avoir des suites fâcheuses, on ne

devroit pas lire l'Ecriture fainte (pour me fervir du même exemple que vous apportez:) on ne devroit pas, dis-je, lire l'Ecriture fainte, en latin même, ni en grec, puifqu'elle eft la caufe innocente de toutes les héréfies, qui, felon faint Jérôme, naiffent d'ordinaire d'une parole mal entendue, ou malicieufement expliquée. Si l'on peut faire un mauvais ufage des chofes les plus faintes, telle qu'eft la Bible, à plus forte raifon des plus indifférentes & des moins férieufes, telle qu'eft la Comédie; & l'on auroit tort pour cela de défendre les unes & les autres, parce que cette défenfe devroit s'étendre fur toutes chofes dont on peut faire un mauvais ufage. Paffons à la feconde condition que faint Thomas exige dans les jeux, qui eft de ne pas diffiper l'harmonie de l'ame par l'excès & la longueur des plaifirs.

Il n'est rien de plus juste ni de plus néceſſaire, que de ſe relâcher un peu l'eſprit, fatigué par des affaires ſérieuſes : ſans cela il ſuccomberoit au travail, & pour ſe trop appliquer il ne pourroit plus rien faire ; ſemblable, dit un Pere (*a*) de l'Egliſe, à un arc qui pour être trop bandé ſe rompt, au lieu qu'après avoir été un peu relâché, il frappe avec plus de force : ce qui a donné lieu à ce Proverbe (*b*) : » Apollon ne tient pas toujours ſon » arc bandé. « Ariſtote en rend la raiſon, lorſqu'il dit qu'il eſt impoſſible que l'homme ſubſiſte dans un travail continuel, & qu'il eſt néceſſaire que le repos, les plaiſirs & les jeux ſuccédent à ſes ſoins, à ſes travaux & à ſes veilles ; ce qui a fait dire à un Ancien (*c*) : » Que

(*a*) *Sumitur ergo relaxatio*, &c. Caſſianus, coll. 44. c. 21.

(*b*) *Arcum non ſemper tendit Apollo*, Lib. 10. Ethicor. cap. 6. lib. 4. cap. 8.

(*c*) *Optimum laborum Medicum*, Pyndare.

» le repos & la joye étoient des
» Medecins à tous les maux. « Cette
vérité est si constante, tant dans
l'exercice des vertus, que dans
celui de l'esprit, que les Saints Peres en ont parlé en mêmes termes
que les Prophanes. Saint Gregoire
de Nazianze, l'homme du monde
le plus mortifié & le moins indul-
gent, ne faisoit point de difficulté
de dire dans ces Oraisons (a) élo-
quentes, qui lui attiroient toujours
une foule d'Auditeurs, qu'après
s'être un peu relâché l'esprit à la
campagne, il revenoit rendre aux
Martyrs les honneurs qu'ils méri-
toient. Je vous ennuirois peut-être,
si je voulois vous rapporter tout
ce qu'en disent les Peres. Mais s'il
est permis & louable d'user quelquefois de récréations & de divertissemens, rien n'est plus illicite, ni
même plus criminel que d'en jouir
toujours, sans modération & sans

(a) Orat. 19.

mesure ; d'y avoir une attache des-
ordonnée, & de ressembler à certains pecheurs, dont il est parlé
dans le Livre de la Sagesse (*a*), qui
croyoient que la vie même n'étoit
qu'un jeu.

» La nature, dit Cicéron (*b*),
» ne nous a pas fait naître unique-
» ment pour les jeux & pour les
» passe-temps, mais plûtôt pour une
» vie sérieuse, & pour des occupa-
» tions plus importantes : « aussi ne
doit-on prendre du jeu que ce qu'il
en faut pour se délasser l'esprit,
sans s'y attacher davantage que les
Chiens d'Egypte aux eaux du Nil,
qu'ils boivent en courant ; & il est
bon d'avoir toujours devant les yeux
cet avis de S. Augustin (*c*) : » Sou-
» venez-vous que vous n'avez pas
» encore fini tout votre travail, &

(*a*) Æstimaverunt esse ludum vitam nos-
gram, cap. 18.
(*b*) *Non ita generati*, &c. lib. 1. de Officiis
(*c*) *Memento peregisse te*, &c. Psal. 34,

» qu'il faut le reprendre : vous ne
» l'avez pas quitté pour l'abandon-
» ner , mais pour y mieux travailler
» dans la fuite. «

Il eſt conſtant que ni ceux qui
vont à la Comédie, ni ceux qui la
compoſent , ni ceux qui la jouent,
ne relâchent point leur eſprit juſqu'à la diſſolution de l'harmonie de
l'ame. Car pour les premiers, il
leur eſt libre d'y aller ou de n'y
point aller : on ne force perſonne
d'y aſſiſter contre ſa conſcience ; &
après une journée de travail, ce n'eſt
pas trop qu'une heure ou deux de
plaiſir & de relâche. Pour les Auteurs , dont la profeſſion paroît être
un continuel divertiſſement, ils ne
croyent pas que toute leur vie ſoit
un jeu , puiſqu'ils ont d'autres occupations ſérieuſes dans leur famille ; qu'ils joignent à leur devoir
d'honnêtes gens celui de véritables
Chrétiens ; qu'ils vont à l'Egliſe,
qu'ils fréquentent les Sacremens ;

occupations toutes faintes, & les plus férieufes, ou plûtôt les feules férieufes qu'on puiffe avoir dans la vie! Je ne leur rends juftice qu'après le grand faint Thomas (a), qui dit expreffément en leur faveur: » Que, quoique dans la vie civile » ils n'ayent d'autre emploi, à l'é-» gard des hommes, que celui de » travailler pour leur plaifir, ils en » ont toutefois à l'égard de Dieu, » & par rapport à eux-mêmes de » plus férieux: comme de prier Dieu, » de régler leurs paffions, de don-» ner l'aumone aux pauvres, de s'ap-» pliquer à des œuvres de charité, » &c.

Enfin, la troifiéme condition que faint Tomas veut qu'il y ait dans nos jeux, confifte à prendre garde aux circonftances des temps, des lieux & des perfonnes.

La premiére de ces circonftances

____

(a) *Quamvis in rebus humanis*, &c. D. Th. ubi fup.

est tout-à-fait gardée dans la Comédie à Paris, & par toute la France, où l'on ne la joue qu'à l'heure qu'il la faut jouer. Une des choses contre laquelle les Saints Peres se gendarmoient le plus, étoit le temps auquel on jouoit autrefois la Comédie. Elle duroit tout le jour; & à peine trouvoit-on un moment pour aller dans les Eglises. C'est ainsi que saint Chrysostome (*a*) se plaignoit : » Que les Chrétiens de » son temps & de son diocése n'al- » loient pas simplement à la Comé- » die, mais qu'ils y étoient si atta- » chés, qu'ils demeuroient des jours » entiers à ces infâmes Spectacles, » sans se mettre en peine des divins » Offices, ni d'aller un moment à » l'Eglise rendre leur devoir à leur » Créateur. « Saint Jean de Damas condamnoit aussi le même excès

(*a*) *Isti qui non simpliciter*, &c. Hom. 3. de David. & Saul.

en

en ces termes : (*a*) » Il y a certai-
» nes Villes où les habitans font
» depuis le matin jufqu'au foir à
» répaître leurs yeux de toutes for-
» tes de Spectacles, & à entendre,
» fans fe laffer, des chanfons déf-
» honnêtes, qui ne peuvent faire
» naître en leur cœur que de mau-
» vais defirs. « Trouve-t-on rien
de pareil dans nos Comédies? Elles commencent à cinq ou fix heures, quand l'Office divin eft ache-
vé, les Prieres terminées, le Ser-
mon fini : quand les portes des Eglifes font fermées, & qu'on a eu affez de temps à donner à fes affaires
& à fes exercices de dévotion; &
elles finiffent à huit heures, qui
n'eft pas un temps trop long, mais
raifonnable pour fe divertir, non
pas à entendre des chanfons licen-
tieufes, comme on faifoit autrefois, mais à voir des actions diver-
tiffantes & tournées avec efprit; au-

(*b*) *Civitates quædam*, &c. 3. Paral. c. 47.

tant pour le profit des hommes que pour leur récréation.

Il est vrai que l'on joue en des temps de pieté, & c'est ce qu'il y a de plus blâmable, comme pendant tout le Carême; temps consacré à la pénitence, temps de larmes & de douleurs pour les Chrétiens, & pour me servir des termes de l'Ecriture, temps où la Musique (*a*) doit être importune, & auquel les Spectacles paroissent peu propres, & devroient être défendus. Tout ce qu'on peut répondre à cela, c'est que dans un temps si saint, aussibien que les jours de Dimanche, c'est la Police publique qui fait ouvrir les Théâtres, pour y rassembler & y occuper une foule de gens oisifs, que le loisir & l'inaction jetteroient dans mille excès infiniment plus dangereux. Mais malgré cette tolérance, il est certain que les vrais Chrétiens ne devroient

______
(*a*) *Musica in luctu, importuna narratio.*

point fréquenter les Spectacles, dans des jours consacrés à la Religion ou à la pénitence ; & qu'en faveur de ceux-mêmes qui n'ont pas la pieté de s'en abstenir tout-à-fait, le Théâtre dans les jours saints, ne doit être ouvert au Public, qu'après que toutes les Eglises lui auront été fermées : pour ne pas donner lieu encore aujourd'hui aux tristes, mais justes reproches des Saints Peres, qui se plaignoient *qu'on abandonnoit sans scrupule les plus saints Mystéres de la Religion, pour courir avec scandale aux Spectacles de la dissipation & de la vanité mondaine.*

Pour ce qui regarde la circonstance des lieux, je trouve que jadis on représentoit des jeux de Théâtre dans les Eglises mêmes, où l'on faisoit paroître des figures épouvantables sous des masques. On ne peut nier que ces sortes de fêtes ne blessassent assurément la pureté des lieux consaerés à la sainteté même. Il étoit beau de voir les Prêtres, les Diacres & les Miniftres des Autels repréfenter des perfonnages, à quoi je ne puis donner d'autres noms que de ridicules, en l'honneur de faint Etienne, de faint Jean, ou des faints Innocens! Ce defordre donna lieu à un Décret (*a*) du Saint Siége, qui défendoit aux Prêtres, aux Diacres, &c. de fe plus émanciper de repréfenter ces momeries, & à fouiller la majefté des faints Lieux par une coutume fi prophane, à laquelle il ne fait point de difficulté de donner le nom d'horrible proftitution. On ne contrevient point en France aux Canons qui défendent de dreffer des Théâtres dans les Eglifes, & l'on auroît horreur de jouer des Comédies dans ces Lieux faints: on a des

(*a*) *Interdum ludifiant*, &c. in 3. Decret. cap. 14. tit. 1. cum decorem domus Dei.

Théâtres publics propres à cet usage ; & la circonstance des lieux y
est gardée, aussi-bien que celle des
personnes.

Les Acteurs qui les jouent ne font
point des personnes consacrées ni
vouées au Seigneur : ce qui seroit
indécent, & tout-à-fait condamna-
ble ; car, comme disoit S. Bernard :
» Les bagatelles dans la bouche d'un
» Séculier ne sont que des bagatel-
» les, mais dans celle d'un Prêtre
» ou d'un Religieux, ce sont des
» blasphêmes. « Ceux donc qui
jouent la Comédie sont des gens
qui se sont destinés à cet emploi,
& qui s'en acquittent sans scandale, & avec toute sorte de bien-
séance ; à moins que parmi eux il
ne s'en trouve de moins réglés, de
même qu'en toute autre profession ;
alors leur malice naît de leur propre
corruption, & non pas de leur état
ni de la profession dont ils se mê-
lent, puisque tous ne leur ressem-

blent pas. On en a vû & connu qui hors du Théâtre & dans leur famille, ménoient une vie exemplaire : & vous m'avez dit vous-même, que tous en général prenoient fur la maffe de leur gain, de quoi faire des aumônes confidérables, dont les Magiftrats & les Supérieurs pourroient rendre de bons témoignages. Je doute qu'on puiffe dire la même chofe des perfonnes zélées, qui parlent fi haut contr'eux.

A l'égard de ceux qui vont à la Comédie, il y en a quelques-uns qu'il feroit indécent & fcandaleux d'y voir affifter, comme font les Religieux, les Evêques, les Abbés, & tous les gens conftitués en dignité Eccléfiaftique : non pas qu'ils affiftaffent à des Spectacles mauvais, mais parce qu'étant confacrés à Dieu, ils doivent fe priver des divertiffemens du fiécle ; outre que leur préfence en ces lieux pourroit causer du scandale, & que pour me servir des paroles de saint Augustin, ils doivent mépriser tous les vains amusemens du monde; pour ne se nourrir l'esprit que de la lecture & de la méditation des saintes Lettres. J'en excepte les Comédies qui se jouent en certains Pays, comme à Rome, à Venise, & dans toute l'Italie, où il est si ordinaire de voir des Religieux assister aux Spectacles, que cela est passé en coutume, & qu'il n'y a plus de scandale à donner ni à recevoir : de même qu'il n'y a point de mal pour eux de se trouver aux Comédies qui se jouent dans les Maisons Religieuses, ou dans les Colléges, pour exercer la jeunesse, puisque c'est aussi un usage d'y voir sans scandale les Religieux des Ordres les plus austéres.

Voilà, Monsieur, ce que sans trahir la vérité, & sans croire blesser ma conscience, je puis vous répondre pour mettre la vôtre en repos. Tant qu'on ne donnera au Public que des Comédies comme celles que vous m'avez fait l'honneur de soûmettre à mon jugement, il n'y aura ni crime à les faire, ni crime à les repréfenter, ni crime à les voir, avec la modération & les autres circonftances que nous avons remarquées. Ce feroit ici l'endroit de vous dire ce que je penfe de vos ouvrages ; & vous jugez bien que je ne vous en pourrois rien dire qui ne fût à votre gloire : mais vous m'avez prié de vous donner des inftructions, & non pas éloges : & vous me rendez affez de juftice pour croire qu'un Sçavant, ou foi difant tel, n'eft pas obligé d'être bel efprit.

A tout hazard pourtant, je vais m'émanciper à vous dire qu'il y a peu d'homme dans le monde qui écrive de tant de maniéres différentes, & avec tant de fuccès que vous. Nous avons vû des génies excellens dans le Sérieux, qui, pour ainſi dire, n'étoient bons à autre choſe; d'autres merveilleux pour le Comique, qui ne pouvoient faire une Scéne ſérieuſe: mais vous paſſez du Sérieux au Comique, du Comique à la Morale, de la Morale à la Poëſie Lyrique, ſans être étranger en aucun endroit; & dans quelque genre que vous écriviez, c'eſt toujours celui où vous écrivez le mieux. Ce qui me ſurprend, c'eſt que vous faſſiez de ſi beaux vers, & que vous poſſédiez la Langue Françoiſe dans ſa plus exacte pureté, ſans avoir aucune connoiſſance de la Latine : ce qui ſeroit un malheur dans un autre, eſt ce que je trouve de plus heureux en vous : on ne peut vous reprocher que votre travail ſoit celui d'un autre; & je ne ſçai rien de plus avantageux pour vous, que d'écrire auſſibien que les Grecs & que les Latins, ſans jamais avoir été à l'emprunt chez eux.   F v

Il est temps de finir une Lettre, à laquelle je devrois plûtôt donner le nom de Livre entier. Elle est si longue, que je tremble que vous ne me reprochiez que je n'ai eu ni le temps, ni l'esprit de la rendre plus courte: mais souffrez, Monsieur, que je vous réponde avec un Ancien (a), que ce n'est pas ma Lettre qui est excessive, mais la matiére que je traite, qui n'a point de bornes. Je n'ai dit que ce que j'ai cru absolument nécessaire pour vous satisfaire sur vos doutes, & pour vous découvrir mon sentiment sur la Comédie. Ce n'est point mon sentiment ni ma doctrine particuliére; mais la doctrine & le sentiment des Saints Peres, que j'ai lûs & relûs, & dont j'ai tiré ce qu'il pouvoit y avoir de favorable ou de contraire aux Spectacles. D'autres que vous me feront peut-être un crime d'avoir suivi l'opinion la plus

(a) Plin. lib. 5. Epist.

favorable, & m'appelleront Casuiste relâché, parce qu'aujourd'hui c'est la mode d'enseigner une Morale austére, & de ne la pas pratiquer : mais je vous jure, Monsieur, que je ne me suis point arrêté à la rigueur ou à la douceur de l'opinion, mais uniquement à la vérité ; souhaitant de tout mon cœur suivre la régle que nous donne saint Benoît, (a) « de former nos ac- » tions sur les opinions les plus sé- » véres, & notre doctrine, selon » les plus favorables. « Je suis, Monsieur, &c.

(a) *Actiones vestras*, &c. apud Caramuel Theol. funda. N. 1542.